Geschichte der Schulpsychologie

Dr. phil. Dipl.-Psych. Gustav Keller, geboren 1950, studierte Psychologie an der Universität Freiburg im Breisgau. Nach dem Studium war er vier Jahrzehnte als Schulpsychologe, Psychologischer Schulberater und Lehrerfortbildner tätig. Er ist Autor pädagogisch-psychologischer Sach- und Fachbücher, unter anderem: „Lernen will gelernt sein", „Lerncoaching in der Schule", „Disziplinmanagement in der Schulklasse", „Psychologie für den Schulalltag", „Der Schüler Adolf Hitler", „Die Schülerschelte", „Die Lehrerschelte".

DR. GUSTAV KELLER

Geschichte der Schulpsychologie

Bibliografische Information der Deutschen Nationalbibliothek
Die Deutsche Nationalbibliothek verzeichnet diese Publikation
in der Deutschen Nationalbibliografie;
detaillierte bibliografische Daten sind im Internet
über http://dnb.d-nb.de abrufbar.

© 2023 Gustav Keller
Umschlagdesign, Satz, Herstellung und Verlag:
BoD – Books on Demand, Norderstedt

ISBN 978-3-7583-9741-7

Inhalt

Einleitung 7

1. Vorzeit der Schulpsychologie 11

2. Gründung der Schulpsychologie 38

3. Aufbau der Schulpsychologie 53

4. Weiterentwicklung der Schulpsychologie 70

5. Schluss 93

6. Anhang 95
   Zeitleiste: Geschichte der
   deutschen Schulpsychologie 95
   Zeitleiste: Geschichte der internationalen
   Schulpsychologie 98
   Bundeskonferenzen / Bundeskongresse
   für Schulpsychologie 100
   Schulpsychologische Internetadressen 103

7. Literatur 106

Einleitung

*„The field of school psychology has emerged
from its childhood and now is maturing rapidly."*
THOMAS R. KRATOCHWILL

*„Es ist klar, dass die Schulpsychologie
eine relativ junge Profession ist. Sie hat
eine kurze, aber reichhaltige Geschichte".*
KENNETH W. MERRELL

*„The history of school psychology
may be approriately described as one of
continuous evolution and expansion."*
STEWART W. EHLY AND JOHN A. NORTHUP

Der Entwicklungsweg vom Schulanfänger zum Schulabgänger ist lang und kompliziert. Nicht jedem Kind und jedem Jugendlichen gelingen die entsprechenden Entwicklungsschritte. Auf dieser lebenswichtigen Wegstrecke geraten Schülerinnen und Schüler immer wieder in Probleme. Jede schulische Individualentwicklung ist prinzipiell störbar. Es kann in den kognitiven, emotionalen, motivationalen und sozialen Entwicklungsbereichen zu Verzögerungen und Problemen kommen. Um diese lösen und verhindern zu helfen, ist die Schulpsychologie entstanden.

Die Schulpsychologie ist weltweit zu einem wichtigen Unterstützungssystem der Schule geworden. Laut dem letzten International School Psychology Survey gibt es in 83 der 192 UNO-Mitgliedsstaaten Schulpsychologen und in 51 ein quantitativ erfassbares Beratungsangebot (Jimerson et al. 2008). Im Großteil der Entwicklungs- und Schwellenländer steht der Systemaufbau noch bevor.

Die Schulpsychologie ist keine selbstständige Disziplin der wissenschaftlichen Psychologie, sondern ein Teilgebiet der angewandten Psychologie, wo psychologische Erkenntnisse und Methoden umgesetzt werden. Sie ist der psychologische Fachdienst im System der Schule. Die Schulpsychologinnen und Schulpsychologen haben ein wissenschaftliches Studium absolviert, verfügen in der Regel über arbeitsförderliche Zusatzqualifikationen und besitzen ein spezielles Wissen über das Schulsystem.

Das Arbeitsfeld „Schule" ist eine komplexe gesellschaftliche Institution, die von 11 Millionen Kindern und Jugendlichen besucht wird. In ihr sind 925 000 Lehrerinnen und Lehrer tätig. Für das Schulwesen werden pro Jahr 110 Milliarden Euro aufgewendet. Es ist menschlich, allzu menschlich, dass es in diesem komplexen psychosozialen Raum immer wieder Probleme, Konflikte und Krisen gibt. Immanuel Kant hat es einmal auf den Nenner gebracht: „Aus so krummem Holz, als woraus der Mensch gemacht ist, kann man kein ganz gerades Ding machen." Seine Erkenntnis ist keine Aufforderung zum Defätismus, sondern die Warnung vor einem überperfektionierten Menschen- und Gesellschaftsbild.

Die Schulpsychologie als Profession ist noch sehr jung. Sie ist etwas mehr als 100 Jahre alt. Wesentlich älter ist die Institution „Schule", die vor 5000 Jahren entstand. Untrennbar mit der Schule verbunden sind von Beginn an die Lern- und Verhaltensprobleme der Schülerinnen und Schüler. Deshalb steht am Anfang dieses Buches die Geschichte der Schulprobleme. Diese generierten letztlich die Institution der Schulpsychologie und die Profession der Schulpsychologinnen und Schulpsychologen.

Ausgangspunkt der Geschichte der Schulpsychologie ist die Gründerzeit, die vom Ende des 19. Jahrhunderts bis zum Beginn des Zweiten Weltkrieges reicht. Geschildert werden die Wurzeln – sowohl in Deutschland als auch international. Ein besonderes Augenmerk gilt dabei der ersten deutschen schulpsychologischen Beratungsstelle in Mannheim und derem Leiter Hans Lämmermann.

Der Schwerpunkt der weiteren Professionshistorie liegt auf Deutschland. Zunächst wird die Aufbauphase dargestellt, von der zweiten Hälfte der 1940er Jahre bis Ende der 1980er Jahre. Dann wird aufgezeigt, wie sich die deutsche Schulpsychologie vom Beginn der 1990er Jahre bis heute weiterentwickelt hat. Im letzten Kapitel wird ein Fazit aus der Schulpsychologie-Geschichte gezogen.

Das vorliegende Buch vermittelt den Leserinnen und Lesern in kompakter Form die Entwicklungsgeschichte der Schulpsychologie. Wer die gegenwärtige Situation unserer Profession verstehen möchte, muss wissen, wie sie wurde, was sie ist. Die Kenntnis ihres Werdens trägt zur Bildung der persönlichen und kollektiven Berufsidentität bei.

An dieser Stelle danke ich herzlich meiner Frau Birgit Keller, Oberpsychologierätin a. D., für das gründliche Redigieren des Manuskripts. Ebenso gilt man mein Dank der Sektion Schulpsychologie des Berufsverbandes Deutscher Psychologinnen und Psychologen, die mich 2022 einluden, anlässlich des Festaktes „100 Jahre Schulpsychologie" über die Geschichte der Schulpsychologie zu referieren.

1. Vorzeit der Schulpsychologie

*„Die Vorzeit hatte keine Ahnung
von der Psyche des Kindes."*
MAX BAUER

Vor 5000 Jahren ist die Schule als hochkulturelle Institution gegründet worden. Dieser „Schulbeginn" fand in Sumer statt. Dort wurde ein Schriftsystem entwickelt, das zunächst informell in den Familien vermittelt wurde. Im Lauf der Zeit entdeckte man, dass es rationellere und systematischere Formen der Kulturtechnikvermittlung gibt. Man engagierte schreibkundige Erwachsene, die an einem separaten Ort innerhalb eines bestimmten Tagesabschnitts Kindern Lesen, Schreiben und Rechnen beibrachten.

Nicht nur in der sumerischen, sondern auch in anderen Hochkulturen vollzog sich eine ähnliche Institutionalisierung des Lehrens und Lernens. Die Schule als Ort systematischer Wissensvermittlung wurde zu einer unverzichtbaren Einrichtung des Kulturerhalts und der kulturellen Weiterentwicklung. Mit Hilfe der Schule wurden jene Personen qualifiziert, die Berufe wie die des Verwaltungsbeamten, Kaufmanns, Priesters, Baumeisters oder Arztes ausübten. Je weiter sich die Kultur entwickelte, desto länger wurde die Schulzeit, desto umfangreicher der Schulstoff und desto bedeutsamer das Bildungswesen.

Vom historischen Schulbeginn an taten sich nicht wenige Schülerinnen und Schüler mit dem kognitiven und sozialen Lernen schwer. Es gab in der Schulgeschichte immer eine Problemklientel, deren Symptombild verblüffend aktuell ist. Eine professionelle Hilfe existierte lange Zeit nicht.

Epoche für Epoche wird in diesem Kapitel beschrieben, wie der Schulunterricht in der Vorzeit der Schulpsychologie aussah, welche Schulprobleme augenfällig waren und wie man diese zu beheben versuchte.

Sumer

Das Land der Sumerer lag im südlichen Mesopotamien. Um 3000 v. Chr. erreichte es einen Entwicklungsstand, der uns erlaubt, von der ältesten Hochkultur der Menschheitsgeschichte zu sprechen. Genauso wie das Pflügen, Töpfern und Weben wurden Lesen, Schreiben und Rechnen zu Kulturtechniken. Wer in den sumerischen Städten wohnte und Handel trieb, konnte auf den Gebrauch von Keilschriftzeichen und Zahlen kaum mehr verzichten. Daraus entstand die Notwendigkeit, die neuen Kulturtechniken den sumerischen Kindern und Jugendlichen weiterzugeben. Vermutlich fand dieser „Ururunterricht" zunächst in den Privathäusern der sumerischen Oberschichtfamilien statt. Nach dieser

Phase des häuslichen Unterrichtens verlagerte sich die Kulturtechnikvermittlung in die Tempelbezirke. Die Schulen nannte man Tafelhäuser, da man auf Lehmtafeln schrieb, die nach der Beschriftung gebrannt wurden. Dort unterrichteten sumerische Priester Lesen, Schreiben, Rechnen, Vaterlandsliebe und Religion. Besonders begabte Schüler wurden in einer Aufbauschule zu Schriftgelehrten ausgebildet.

Da sowohl die Schüler als auch die Lehrer die oben genannten Lehmtafeln benutzten, überlebten diese Jahrtausende und wurden in unserer Zeit wieder zutage gefördert und entschlüsselt. Somit können wir Einblick nehmen in den sumerischen Schulbetrieb und in die damaligen Schulprobleme. Auf einer Schülertafel steht beispielsweise folgender Lehrerkommentar: „Deine Hand ist unbefriedigend" (Alt 1960, S. 33). Offensichtlich war es schwierig, den Normen der Schönschrift zu entsprechen. Ein besonderes Schulproblem war die mangelnde Unterrichtsdisziplin, wie aus den Aufzeichnungen der Lehrer hervorgeht. Im Vordergrund standen Aufmerksamkeitsstörungen. Folgendes dokumentierte Fehlverhalten zeugt davon: „Der Schüler ist allzu sehr mit (seinem) Brot (und) seiner Nahrung beschäftigt, auf die Schreibkunst kann er sich nicht konzentrieren" (Waetzold 1989, S. 38). Wie aus circa 20000 Tontäfelchen hervorgeht, entsprach ein Teil der sumerischen Schülerschaft nicht den Ansprüchen der Erwachsenen. Ihre Defizite äußerten sich in Form von Lernschwierigkeiten und Verhaltensstörungen.

Babylon

Babylon, am Unterlauf des Euphrat und Tigris gelegen, erreichte um 2000 v. Chr. den Stand einer Hochkultur, deren Grundlagen aus Sumer und Akkad stammten. Um die kulturellen Kenntnisse und Fertigkeiten an die nachfolgende Generation zu tradieren, entwickelte sich in Babylon nach sumerischem Vorbild ein Schulwesen. Genauso wie in Sumer befanden sich die Schulen in den Tempelbezirken. Auch die Bezeichnung „Tafelhäuser" war dieselbe. Die Schulzeit dauerte von der mittleren Kindheit bis zur Reifezeit. Eine allgemeine Schulpflicht gab es nicht. Zur Schule gingen nur die Knaben höher statuierter Eltern. Genauso wie in Sumer nannten sie ihre Lehrer „Väter des Tafelhauses", „Schulväter" oder „Ältere Brüder". Lernen mussten sie Lesen, Schreiben, Rechnen, Zeichnen, Religion sowie Sumerisch, das Latein der vorderasiatischen Hochkulturen. Den Schulepen, der so genannten Tafelhausliteratur, ist zu entnehmen, dass die Väter des Tafelhauses mit ihren Schülern ihre liebe Not hatten, obwohl sie ein sehr strenges Schulregime führten – mit Sanktionen wie Nachsitzen, Karzer und Prügelstrafe. Zum Erscheinungsbild der von ihnen beklagten Defizite gehörten schlechte Schrift, mangelhafte Lernbereitschaft, Aufmerksamkeitsstörungen, Zuspätkommen, sporadisches Schulschwänzen sowie aggressives Verhalten. Und sie waren auch unzufrieden mit dem Leistungsstand vieler junger Babylonier. Betrachtet man Prüfungs-Tontafeln, die heutzutage als Klassenarbeitshefte bezeichnet würden, steht unter vielen Lehrerfragen folgende Schülerantwort: „Ul idi" (Eisele 1980, S. 280). Übersetzt heißt dies „weiß ich nicht".

Altes Ägypten

Wie der Lehre des Cheti zu entnehmen ist, wurde den altägyptischen Schulen eine große Bedeutung beigemessen: „Nützlich ist dir schon ein Tag in der Schule, und eine Ewigkeit hält die in ihr geleistete Arbeit vor wie Berge" (Brunner 1991, S. 160). Sie standen unter der Aufsicht eines Hohepriesters, der den Titel „Haupt des Königlichen Unterrichtsstalles" trug. In die Schule gingen die Söhne der wohlhabenden Familien. Auf dem Lehrplan standen Lesen und Schreiben von Hieroglyphen, Mathematik, Geschichte, Geographie, Astronomie, Sport und Kunst. Wer eine Schulbildung absolviert hatte, konnte Schreiber, Beamter, Baumeister, Wissenschaftler oder Priester werden. In den ersten Schuljahren lernten die jungen Ägypter hauptsächlich durch Abschreiben oder Diktate. Geschrieben wurde zunächst auf kleinen Tonscherben, die Ostrakas genannt wurden. In den höheren Klassen wurde das Schreiben auf dem Papyrus geübt.

Die überlieferten altägyptischen Textquellen enthalten auch Informationen über den pharaonischen Schulbetrieb, die Schulleistungen und das Schülerverhalten. Der Tenor der Schülerbilder war eher negativ. An

Fehlverhaltensweisen wurden vor allem genannt: Disziplinschwierigkeiten, Gewalt und Aggression sowie das Schulschwänzen. Darüber hinaus wird auch geklagt, dass die Jugendlichen das Bier mehr lieben als die Schulbücher.

Abweichendes Schülerverhalten versuchte man zum einen mit Ermahnungen zu bekämpfen: „Verlier deine Zeit nicht mit Wünschen, sonst wirst du zu einem bösen Ende kommen" (Durant/Durant, Band 1, 1985, S. 162). Zum anderen wurden Körperstrafen praktiziert. In einem Lehrerleitfaden steht lapidar: „Die Ohren des Jugendlichen sind auf dem Rücken angebracht. Er hört zu, wenn man ihn schlägt" (Erman 1923, S. 243).

Altes China, Indien, Japan

Nicht nur der Vordere Orient war vor unserer Zeitrechnung hochkulturell entwickelt, sondern auch der Ferne Osten. Hierzu zählt erstens das alte China, dessen Kultur im zweiten vorchristlichen Jahrtausend zu blühen begann. Zweitens ist die altindische Kultur zu nennen, deren Entstehungszeit der chinesischen in etwa entspricht. Schließlich darf auch Japan nicht vergessen werden. Seine Kulturgeschichte begann zwar etwas später, aber es gehört ebenfalls zum altasiatischen Kulturkreis.

Um den Kulturstand zu halten und weiterzugeben, entstand auch im alten China, Indien und Japan ein

Schulwesen (Durant/Durant 1985 Band 1 und Band 2). Zur Schule gingen fast nur die Kinder der Oberschicht. Der Unterricht fand in Tempeln, Palästen und in Privathäusern statt. Konfuzius beispielsweise unterhielt eine Privatschule. Nach dem Schulabschluss standen den Absolventen die Spitzenpositionen der Gesellschaft offen. Sie wurden Priester, Beamte, Ärzte, Mathematiker oder Baumeister.

Der fernöstliche Schulalltag dauerte vom Sonnenaufgang bis zum späten Nachmittag. Ziel des Unterrichts war nicht nur die Einübung der Kulturtechniken, sondern auch die Charakterschulung. Den Menschen zur Aufrichtigkeit, Wahrheit und Nächstenliebe zu erziehen, so Konfuzius, war so wichtig wie die Schulung des Verstandes (Lin Yutang 1957). Dieses Postulat galt auch im indischen Schulwesen. Die Kinder lernten nicht nur Sanskrit und Wurzelziehen, sondern auch Mäßigkeit, Bescheidenheit und Selbstbeherrschung. Und sie bekamen vom Guru auch Meditationstechniken vermittelt.

Aus der Analyse der schulgeschichtlichen Quellen Altasiens geht hervor, dass die Schüler keineswegs problemfrei waren. Die überlieferten Beschwerdebilder ähneln denen anderer Hochkulturen. Konfuzius kreidete manchen Schülern an, dass sie zu sehr auf äußeren Druck lernten. Und mit ihrer Unterrichtsdisziplin war er bisweilen so unzufrieden, dass er sie mit dem Eschenstab schlug. Seine Motivationsproblematik brachte ein altindischer Schüler auf folgenden Nenner: „Als ob es einen Geist gäbe, der sich nicht mit Widerstreben, ja mit einem Gefühl der Erniedrigung an so eine unleidige und trockene, so weitschweifige und langweilige Übung verschwendete, wie sie das Lernen von Vokabeln ist" (Durant/Durant 1985, Band 1, S. 486).

Alles in allem kann man behaupten, dass die alte fernöstliche Schule Schulprobleme nicht verhindern konnte, diese aber aufgrund der intensiven Charakterbildung und der systematischen Konzentrationsförderung in geringerem Maße auftraten als in anderen Hochkulturen.

Altes Griechenland

Das Schulwesen war vor allem in Athen weit entwickelt. Im fünften und vierten Jahrhundert v. Chr. konnte fast die ganze Athener Mittel- und Oberschicht lesen und schreiben. Deren Kinder besuchten ab dem siebten Lebensjahr die Schule. Im Gegensatz zu Sparta befanden sich die athenischen Elementarschulen in privater Trägerschaft. Der Schulbesuch dauerte normalerweise bis zum 13./14. Lebensjahr. Unterrichtsinhalte waren Lesen, Schreiben, Rechnen, Musizieren, Gedichte-Rezitieren und Sport. Nach dem Schulabschluss erlernte man entweder ein Handwerk oder man trat in die weiterführende Schule über. Letztere nannten die Griechen Gymnaseion. Die Gymnasialbildung dauerte bis zum 17./18. Lebensjahr und umfasste zum einen die sieben Künste Grammatik, Dialektik, Rhetorik, Arithmetik,

Geometrie, Astronomie und Musik. Zum anderen wurde auch Unterricht in den olympischen Sportarten erteilt. Ab dem vierten Jahrhundert konnte man nach der Gymnasialzeit die Rhetoren- und Philosophenschulen besuchen. Diese ähnelten dem, was man heutzutage als Hochschule bezeichnet.

In Sparta existierte bereits in der Mitte des sechsten vorchristlichen Jahrhunderts ein staatliches Schulwesen. Schulpflichtig waren alle jungen Spartaner vom achten bis zum 20. Lebensjahr. Allerdings glich die spartanische Schule eher einer Kadettenanstalt als einer pädagogischen Einrichtung. Die Kulturtechniken wurden nur in sparsamem Maße vermittelt. Man wollte die Jugendlichen nicht zu Philosophen, sondern zu Kriegern erziehen. Dennoch kann die spartanische Schule als die erste Volksschule der Weltgeschichte bezeichnet werden.

Dass die Schulleistungen und die Schuldisziplin oft nicht den Erwartungen entsprachen, geht aus zahlreichen Quellen hervor. Vor allem im Goldenen Zeitalter des Perikles tat sich die Athener Lehrerschaft mit den verwöhnten Kindern und Jugendlichen besonders schwer. Es wurde geklagt über mangelnde Lernmotivation, Unkonzentriertheit und schlechtes Sozialverhalten. Ein Beispiel hierfür ist das Klagelied des Sokrates: „Die Jugend liebt heutzutage den Luxus. Sie hat schlechte Manieren, verachtet die Autorität, hat keinen Respekt vor den älteren Leuten und schwatzt, wo sie arbeiten sollte. Die jungen Leute stehen nicht mehr auf, wenn Ältere das Zimmer betreten. Sie widersprechen ihren Eltern, schwadronieren in der Gesellschaft, verschlingen bei Tisch die Süßspeisen, legen die Beine übereinander und tyrannisieren ihre Lehrer" (Puntsch 2001).

Aristophanes bezeichnete die Schülergeneration seiner Zeit als verweichlicht und schlapp. Sie hätten nichts mehr mit den großen Marathonkämpfern gemein. Beim Waffentanz könnten sie nicht einmal mehr das Schild ordentlich führen. Das einzig Hervorstechende an ihnen sei das große Mundwerk. Sie schwänzten häufig die Schule. Die Unterrichtsdisziplin lasse sehr zu wünschen übrig. Die Unzufriedenheit der athenischen Eltern mit ihren Kindern war manchmal so groß, dass sie die Lehrer darum baten, härter durchzugreifen. So auch die Mutter des faulen und verhaltensauffälligen Schülers Kokkalos. Ihrer Bitte entsprach Klassenlehrer Lampriskos so: „Wo ist das scharfe Leder, mein Ochsenziemer, mit dem ich die Widerspenstigen, Gefesselten schlage? Man gebe ihn mir, bevor mein Zorn platzt." Kokkalos fügte sich dem Schicksal und verlangte lediglich eine mildere Sanktion. „Nein, ich fleh' dich an, Lampriskos, bei den Musen und dem Leben deiner (kleinen) Kutis, nicht das scharfe! Nimm das andere, mich zu schlagen!" (Marrou 1957, S. 233f.).

Bemerkenswert ist auch, wie besorgt die Eltern um den Lernerfolg ihrer Kinder waren. Vor allem im Elementarunterricht kam es immer wieder vor, dass einzelne Schüler sich mit dem Erlernen des Lesens und Schreibens sehr schwertaten. So wird berichtet, dass Herodes Attikos an der Legasthenie seines Sohnes sehr litt und sich zu einer ganz außergewöhnlichen Fördermaßnahme entschloss (Marrou 1957, S. 222 f.) Er stellte ihm 24 junge Sklaven an seine Seite, von denen jeder für einen der 24 Buchstaben und dessen Aneignung zuständig war.

Altes Rom

Die weit entwickelte römische Kultur erzeugte einen großen Bildungsbedarf. Deshalb begann schon ab dem fünften vorchristlichen Jahrhundert der Aufbau einer schulmäßigen Vermittlung der Kulturtechniken und des Wissens. Die Schulbildung breitete sich immer mehr aus, so dass um die Zeitwende die gesamte römische Mittel- und Oberschicht lesen und schreiben konnte.

Die römischen Knaben und Mädchen kamen im Alter von sieben Jahren in die Elementarschule, die privat betrieben wurde. Sie dauerte bis zum 11./12. Lebensjahr. Auf dem Lehrplan standen Lesen, Schreiben, Rechnen sowie das Auswendiglernen des Zwölftafelgesetzes. Wer weiterlernen wollte, trat danach in die nach griechischem Vorbild eingerichtete höhere Schule über, die unter staatlicher Kontrolle stand. Dort lehrte man lateinische Grammatik, Literatur, Griechisch, Geschichte,

Astronomie, Philosophie und Musik. Nach dem Ende dieser Sekundarschulzeit, etwa nach dem 16./17. Lebensjahr, konnte man eine „Hochschule" besuchen, in der vor allem Redekunst, aber auch Recht und Philosophie doziert wurden. In den weiterführenden Bildungseinrichtungen war der Mädchenanteil gering, während in der Elementarschule das Geschlechtsverhältnis nahezu ausgeglichen war.

Der altrömische Unterricht fand in sehr luftigen Schulstuben statt, die oft am Marktplatz lagen. Die Schüler saßen meist auf Holzschemeln um den etwas erhöhten Katheder des Lehrers. Geschrieben wurde anfangs mit Griffeln auf Wachstafeln, später mit Tinte auf Leinenpapier oder auf Pergament.

Unzufriedenheit über die Schuldisziplin wurde genauso häufig geäußert wie in Griechenland. Die Lehrer lamentierten über die „Ungezogenheit und Unaufmerksamkeit, Faulheit und Frechheit vieler Schüler" (Weeber 1995, S. 234). So klagte ein Magister, dass die Schüler zum Schulgebäude, eine Pergola, viel zu oft hinausschauten, statt dem Unterricht zu folgen. Selbst das Aufstellen von Blenden beseitigte die Konzentrationsstörung nicht. Die Schüler blickten stattdessen in den Himmel und wendeten ihre Aufmerksamkeit den Vögeln zu. Desgleichen kritisiert wurde die Lernmotivation, wie aus dem Klagelied einer römischen Mutter hervorgeht: „Wo die Wohnung des Lehrers liegt ..., das kriegt man kaum aus ihm heraus, die Glücksspielhölle aber, wo sich die Eckensteher und die entlaufenen Sklaven herumdrücken, die weiß er einem jeden flugs zu zeigen. Und die arme Tafel, die ich jeden Monat mühsam mit Wachs ausglätte, liegt verwaist am letzten Fuß des Bettes, direkt an der Wand. Erblickt er sie, so schaut er sie an, als wär's die Unterwelt (Weeber 1995, S. 313).

Für den römischen Senator Plinius minor waren vor allem schlechte Manieren ein Ärgernis (Weeber 1995, S. 142). Um anständige Schüler zu finden, müsse man intensiv suchen. Andere Erwachsene waren über die Ausbreitung von Schülergewalt beunruhigt. So berichtet Plutarch von den „obligatorischen" Pausenschlägereien (Weeber 1995, S 312). Beklagt wurden auch Sachbeschädigungen und Graffiti-Schmierereien.

Immer wieder reagierte man auf Faulheit und Fehlverhalten mit Stockschlägen und Peitschenhieben. Übrigens hieß Zur-Schule-Gehen manum ferulae subducere (die Hand für die Peitsche hinhalten). Dieses Disziplinieren scheint die antiken Lehrer sehr gestresst zu haben.

Um die Zeitenwende versuchte man Lernschwierigkeiten durch spielerische Lernhilfen (Buchsbaum-Buchstaben) und Belohnungen (Gebäck in Form von Buchstaben) abzubauen. In dieser „neuen Pädagogik" sah manch alter Römer ein weiteres Anzeichen für den Verfall der Bildungskultur. Der Satiriker Petronius spottete: „Jetzt spielen die Kinder in der Schule" (Weeber 1995, S. 398).

Im Lauf der nächsten Jahrhunderte nahmen die Klagelieder über Schüler kein Ende. Das spätrömische Schülerbild sah genauso kritisch aus. Augustinus, römischer Bischof und Kirchenlehrer, bezeichnete den Großteil der Schülerschaft als „zuchtlos, roh, unverschämt und zerstörerisch" (Weeber 1995, S. 234).

Mittelalter

Der Zeitraum zwischen dem Ende der Antike und dem Beginn der Neuzeit (500 – 1500) wird als Mittelalter bezeichnet. Bis zum 13. Jahrhundert befand sich die Bildung der Bevölkerung im Vergleich zur Spätantike auf einem niederen Niveau (Tenorth 2010, S. 55). Im Frühmittelalter gab es nur eine bescheidene Anzahl an Klosterschulen. Diese erfuhren dann in der karolingischen Zeit eine zunehmende Verbreitung. Karl der Große betrachtete sie nicht nur als Priesterschulen, sondern auch als Einrichtungen zur Ausbildung schriftkundiger Verwaltungsbeamter. Seit jener Zeit unterschied man zwischen einer inneren Klosterschule für den Priesternachwuchs und einer äußeren Klosterschule für die Laienschüler. Diese Trennung galt auch für die Dom- und Stiftsschulen, die an den Bischofssitzen eingerichtet wurden. Das Lehrpersonal bestand großenteils aus Mönchen und Nonnen.

Eingeschult wurden die Knaben und Mädchen im Alter von sieben Jahren. Für die ersteren dauerte die

Schulzeit etwa acht Jahre, für die letzteren etwas kürzer. Die Mehrheit der Schülerschaft kam aus den höheren Ständen. Aufgenommen wurden aber auch begabte Kinder aus der Unterschicht. Nach einer kulturtechnischen Grundbildung wurde den Kloster- und Domschülern das Trivium gelehrt. Es bestand aus Grammatik, Rhetorik und Dialektik. Später kam das Quadrivium dazu, und zwar Arithmetik, Geometrie, Astronomie und Musik. Der Unterricht wurde großenteils in lateinischer Sprache abgehalten.

Zusätzlich zu den Kloster-, Dom- und Stiftsschulen existierten Pfarreischulen, in denen begabte Knaben und Mädchen im Lesen, Schreiben und Rechnen sowie in Religion unterrichtet wurden.

Nachdem im weiteren Verlauf des Mittelalters die städtische Handels- und Handwerkerkultur zur Blüte gelangt war, stieg der Bedarf an kulturtechnisch gebildeten Arbeitskräften. Deshalb richteten die Städte für die Bürgerkinder Stadt- und Ratsschulen ein, in denen diese Lesen, Schreiben, Rechnen und etwas Latein lernten. Daneben gab es deutsche Schreib- und Rechenschulen, wo Schreib- und Rechenmeister künftigen Kaufleuten und Handwerkern berufsrelevante Grundfertigkeiten und Grundkenntnisse beibrachten. Schließlich wurden auch privat organisierte Schulen eröffnet, die ohne obrigkeitliche Genehmigung kulturtechnische Mindestfertigkeiten lehrten. Man nannte sie Winkel- oder Klippschulen (vom niederdeutschen klipp = klein).

Das Lern- und Sozialverhalten der mittelalterlichen Schüler entsprach häufig nicht den Erwartungen der Erwachsenen. Karl der Große klagte über die Faulheit und das schlechte Benehmen seiner Aachener Palastschüler: „Ihr vornehmen Fürstensöhne, Ihr Verwöhnten und Verzogenen, die Ihr auf eure vornehme Herkunft und euren Besitz pocht, Ihr habt meinen Befehl und euren Ruhm missachtet, indem ihr das Studium der Wissenschaften vernachlässigt und der Genußsucht, dem Spiel, der Faulheit und eitlem Tun erlagt" (Schoelen 1965, S. 23 f.)

Im hohen und späten Mittelalter machten Vaganten, umherziehende Schüler, die Städte unsicher. Sie fielen auf durch übermäßigen Alkoholkonsum, körperliche und verbale Aggressionen, Sachbeschädigungen sowie nächtliche Ruhestörungen. Walther von der Vogelweide bezeichnete die damalige junge Generation als traurigen Haufen. Für den Dominikanermönch Dominici waren die mittelalterlichen Schulen Orte, an denen sich „eine Menge bösartiger, liederlicher Personen zusammenfindet, die zur Übelkeit sogleich bereit und schwer zu kontrollieren sind" (Ross 1980, S. 302).

Die eben beschriebenen Leistungs- und Verhaltensprobleme waren während des gesamten Mittelalters ein ständiges Ärgernis. Und dies, obwohl die mittelalterlichen Schulordnungen außerordentlich streng waren. Die Lehrer prügelten oft so brutal, dass in der Wormser Schulordnung von 1260 darum gebeten wurde, beim

Züchtigen gravierende Verletzungen wie Wunden und Knochenbrüche zu vermeiden (Schoelen 1965, S. 176 ff.).

Frühe Neuzeit

Tiefgreifende gesellschaftliche, kulturelle und wirtschaftliche Umbrüche verlangten die Ausweitung des Bildungswesens. So richtete Martin Luther 1524 einen „Aufruf an die Ratsherren aller Städte deutschen Landes, dass sie christliche Schulen aufrichten und halten sollen" (Weimer/Schöler 1976, S. 49). Positive Resonanz erzeugte seine Forderung vor allem in Württemberg, das 1559 eine Schulordnung erließ und die Neugründung städtischer und dörflicher Schulen forcierte. Dem württembergischen Beispiel folgten im 16. Jahrhundert Braunschweig, Lippe und Kursachsen. Somit wurde das mittelalterliche Schulsystem der Kloster- und Domschulen erweitert, und zwar in den Dörfern durch so genannte deutsche Schulen, in denen nur Lesen, Schreiben und Rechnen sowie Katechismus und Kirchengesang unterrichtet wurden.

In den Städten wurden immer mehr Lateinschulen eingerichtet, in denen die alten Sprachen, Glaubenslehre, Rhetorik und Dialektik den Lehrstoff beherrschten. Mathematik und Naturwissenschaften führten weiter ein Schattendasein. Erst im 17. und 18. Jahrhundert löste sich der Lehrplan allmählich vom lateinischen Sprachideal. Verantwortlich dafür waren die naturwissenschaftlichen, technischen und wirtschaftlichen

Entwicklungen. Es kam zur Gründung der ersten Realschulen. Und man begann, die allgemeine Schulpflicht einzuführen, da nur so das rasant gestiegene kulturelle Niveau zu halten war.

In der Frühneuzeit besuchten mehr Schüler denn je schulische Einrichtungen. Ihre Schulleistungen und ihre Disziplin kann man aus den reichhaltigen Quellen, wozu beispielsweise die Visitatorenberichte der Schulaufsicht, Schultagebücher oder Lehrertagebücher zählen, recht gut rekonstruieren. Sie lassen wiederum den Schluss zu, dass viele Schüler hinter den Erziehungs- und Lernzielen der Erwachsenen herhinkten. Philipp Melanchthon, der Humanist und Pädagoge, fällte 1526 in seiner Rede „De miseriis paedagogorum" ein vernichtendes Urteil über die Schüler des 16. Jahrhunderts: „Sie haben keine Lust zu lernen, kein Ehrgefühl, keinen Gehorsam. Die meisten würden lieber graben als Latein lernen. Wahrlich, ein Kamel tanzen oder einen Esel das Lautenschlagen lehren, wäre erträglichere Mühe" (Paulsen 1919, S. 369 f.). Matthias Bredenbach, Rektor an der Lateinschule in Emmerich am Rhein, setzte das schulpädagogische Klagelied des 16. Jahrhunderts fort (Durant/Durant 1985, Band 11, S. 345). Die Schüler seien keine Christen, sondern Barbaren. Die armen Schulmeister hätten es in ihren Schulstuben mit wilden Tieren zu tun. Und Nathan Chyträus, berühmter Humanist und Schulrektor in Bremen, bezeichnete den Großteil seiner Schülerschaft als zügellos, bäurisch unwissend, unbändig frech und lasterhaft gottlos (Durant/Durant

1985, Band 11, S. 345 f). Die Hauptursache lag für ihn in familiären Erziehungsdefiziten.

Die aus dem 17. und 18. Jahrhundert überlieferte Schülerbeurteilung klingt nicht viel anders. Wie den Carentenbüchern (Strafregistern) der streng geführten evangelischen Klosterschulen Württembergs zu entnehmen ist, gab es dort Disziplinverstöße zuhauf (Lang 1938). Die Zöglinge wurden beim unmäßigen Trinken, beim Schulschwänzen und beim Sex ertappt. In der Klosterschule Adelberg kam es zu Messerstechereien zwischen Schülern. Und in der Klosterschule Blaubeuren musste ein Schüler ausgeschlossen werden, weil er einem Mädchen die Unschuld genommen hatte.

Der Göttinger Gelehrte Professor Johann Matthias Gesner beurteilte im „Taschenbuch für teutsche Schulmeister" die Schülermotivation sehr negativ (Gesner 1794, S. 229-356). Die Schüler kämen meist ungern zur Schule und machten im Unterricht nicht mit. Sie verwendeten ihre Aufmerksamkeit lediglich darauf, das Pausenzeichen nicht zu überhören. Der Schulpädagoge und Schulreformer Johann Bernhard Basedow übte radikale Kritik am Leistungsstand der Schüler. Er stellte fest, dass sehr viele nur eine rudimentäre Lesekompetenz besaßen und in ihrer Freizeit kaum lasen. Aus preußisch strenger Sicht schob man die Verantwortung den schuldistanten Eltern zu.

Im Ulmer Pädagogikjournal „Der Landschullehrer"

wurde gegen Ende des 18. Jahrhunderts das Verhalten der Jugendlichen scharf kritisiert. Dieses sei so schlecht, dass sowohl die Schule als auch der Konfirmationsunterricht keine Erziehungschance hätten: „Sie sitzen in Schenken hinein, trinken, spielen und tanzen und haben oft dabei weder Maß noch Ziel. Sie schwärmen oft noch um Mitternacht auf den Gassen und Straßen herum, schreien, johlen, pfeifen und singen die zottigsten Lieder; bringen die wichtige Neujahrsnacht mit gefährlichem Schießen auf die leichtsinnigste Weise zu; sind sehr eitel; übertreiben ihren Kleiderstaat; drängen sich in der Kirche in die vordersten Stühle hinein, sehen sich nach verbotenen Gegenständen um und können oft wenig oder gar nichts aus der Predigt wiederholen" (Der Landschullehrer 3. Band, 1800, S. 81 f.).

Auf abweichendes Schülerverhalten reagierte man mit harten Sanktionen, die aber offensichtlich nur kurzfristig wirkten. Wie und in welchem Maße sanktioniert wurde, geht aus dem Tagebuch des oberschwäbischen Schulmeisters Jakob Häuberle hervor, der sein fünfzigjähriges Lehrerleben und seine Strafen dokumentierte: „911527 Stockschläge, 124010 Rutenhiebe, 20989 Pfötchen und Klapse mit dem Lineal, 136715 Handschmisse, 10235 Maulschellen, 7905 Ohrfeigen, 1115800 Kopfnüsse und 22763 Notabenes mit Bibel, Katechismus, Gesangbuch und Grammatik. 777mal hat er Knaben auf Erbsen knien lassen und 613mal auf dreieckicht Holz; 5001 mussten Esel tragen und 1707 die Rute hochhalten, einiger nicht so gewöhnlicher Strafen, die er zuweilen im Falle der Not aus dem Stegreif erfand, zu geschweigen.

Unter den Stockschlägen sind ungefähr 800000 für lateinische Vokabeln, und unter den Rutenhieben 76000 für biblische Sprüche und Verse aus dem Gesangbuch" (Raumer 1889, S. 241 f.).

19. Jahrhundert

Während des 19. Jahrhunderts vollzog sich ein grundlegender, alle Lebensbereiche umfassender Wandel. Die forcierte Industrialisierung verlangte eine Erhöhung des Bildungsniveaus, was der Schulpflicht zum endgültigen Durchbruch verhalf. In der zweiten Hälfte des 19. Jahrhunderts besuchte die Mehrzahl der schulpflichtigen Heranwachsenden die Volksschule, in der Lesen, Schreiben, Rechnen, Religion, Realien, Zeichnen, Turnen und Handarbeit im Lehrplan standen. Eine mittlere Gruppe besuchte die Real- oder Mittelschulen. Und eine kleine, aus höheren Sozialschichten stammende Minderheit bekam in den klassisch-humanistisch ausgerichteten Gymnasien sowie an den naturwissenschaftlich orientierten Oberrealschulen und Realgymnasien „höhere Bildung" vermittelt. Darüber hinaus wurden auch Berufsschulen eingerichtet, um den Lehrlingen spezifische Kenntnisse und Fertigkeiten beizubringen.

Wichtig zu wissen ist, dass in den Bildungseinrichtungen des 19. Jahrhunderts der Geist der Humanität noch lange nicht Einzug gehalten hatte. Es regierte ein strenges Schulregiment. Der Unterrichtston war steif, schroff und autokratisch. Ziel der Schule war es, Zucht und Ordnung herzustellen und das vorgegebene Pensum zu erledigen. Die Lehrer waren Pauker, und die Schule war eine Paukschule.

Die militärische Kontrolle des Lernens und Verhaltens verhinderte Fehlentwicklungen und Lerndefizite nicht. Die Leistungen der Schülerinnen und Schüler wurden sehr negativ beurteilt. Die Gymnasialpädagogen vermissten einfache Grundkenntnisse, monierten die geringe Lernmotivation und sprachen dem Gros der Schülerschaft die Studierfähigkeit ab. Verbittert klingt die Klage des berühmten Orientalisten Paul de Lagarde, der von 1854 bis 1866 an verschiedenen Berliner Gymnasien unterrichtete: „Unsere Jugend beherrscht keine Sprache, sie kennt keine Literatur, sie hat nicht einmal die Hauptwerke unserer großen Dichter in Ruhe gelesen und zu verstehen gesucht ... Sie ist ... so ungeschult in der Auffassung geistiger Vorgänge und schriftstellerischer wie rednerischer Leistungen, dass sie auf der Universität einem freien Vortrag zu folgen außerstande ist ..." (Paulsen 1921, S. 388). Ins selbe Horn stieß der Joachimsthaler Lehrer M. Seyfert: „Für jeden gewissenhaften Lehrer ist es ein Greuel, unter Primanern, die ex officio Sophokles und Demosthenes lesen, eine Menge von jungen Leuten zu sehen, bei denen fast jede Erinnerung an die grammatischen Formen erloschen ist, ohne dass er ein Mittel besäße, diesem ungründlichen und unwissenschaftlichen, ja unsittlichen Treiben mit Nachdruck zu steuern" (Paulsen 1921, S. 380).

Ähnlich katastrophal sah das Leistungsbild an den Volksschulen aus. Ein Beispiel hierfür ist der Bericht eines Schulrats, der im Jahre 1845 die Stoll'sche Fabrikschule visitierte: „Lesen: An Ausdruck nicht zu denken. Schreiben: Äußerst unreinlich. Die Orthografie ist ebenfalls sehr mangelhaft. Korrigiert waren die Diktierbücher nicht; auch hat der Lehrer, der täglich 11 Lehrstunden erteilt und keiner Vorschrift sich bedient, dazu in der Tat keine Zeit. Das Rechnen steht noch auf der allerersten Stufe, weil dem Lehrer es aller Methode fehlt. Mit Exempeln wie zum Beispiel ‚Ein Kalb kostet zwei Taler, wie viel kosten zwei Kälber?' beschäftigen sich die Kinder stundenlang. Einige Kinder fand ich sehr schwach, einer ... konnte noch gar nicht lesen" (Alt 1958, S. 231). Kein Wunder, dass viele Schüler ohne regulären Abschluss aus der Schule entlassen wurden. So verließen beispielsweise in Mannheim in den Jahren 1877-1887 die Volksschule 80% ohne Abschluss. In Berlin sah es gegen Ende des 19. Jahrhunderts zwar etwas besser aus, aber es waren immer noch 44%, die die oberste Klasse der Volksschule nicht erreichten (Ritter/Kocka, 1974, S. 280 f).

Das Sozialverhalten war so schlecht wie das Lern- und Leistungsverhalten. Schülergewalt war gang und gäbe. Es kam auch immer wieder vor, dass sich die jugendliche Aggression gegen Lehrpersonen richtete. Im Jahre 1887 schossen vier Jugendliche in Bodenrode auf einen Lehrer und verletzten ihn schwer, und am 18. November 1894 entging ein Lehrer in der Stadtschule Preussisch-Friedland nur knapp einem Attentat (Zander 2003).

Der Schulbesuch war trotz der Schulpflicht alles andere als regelmäßig (Johansen 1978, S. 107 ff.) Nicht selten geschah es, dass an einem Schultag die Absenzquote höher war als die Präsenzquote. Ein Rektor aus Elterlein im Erzgebirge beschwerte sich bei der Schulverwaltung, dass von seinen 130 Schülern 107 des Öfteren durch Schwänzen auffielen.

Die Schüler des 19. Jahrhunderts entsprachen keineswegs den Normen der ideal klingenden Schulordnungen. Sie ähnelten eher den bösen Buben, wie sie von Wilhelm Busch in Gestalt von Max und Moritz gezeichnet und beschrieben wurden, oder dem hyperaktiven Zappelphilipp und dem Faulpelz Bastian in den Kindermärchen des Frankfurter Nervenarztes Dr. Heinrich Hoffmann.

Die Moral von der Geschichte

Schulprobleme sind so alt wie die Schule. Die Geschichte des schulischen Lernens und Verhaltens war immer auch eine Problemgeschichte. Schule war nie kinderleicht. Nicht wenige Schülerinnen und Schüler taten sich mit den Lernanforderungen und Verhaltenserwartungen schwer. Folgende Schulschwierigkeiten tauchen in den schulgeschichtlichen Quellen stetig auf:

- Mangelnde Lernmotivation/Faulheit
- Aufmerksamkeits- und Konzentrationsprobleme

- Lese-(Recht)schreibschwierigkeiten
- Rechenschwäche
- Unterrichtsstörungen
- Gewalt und Aggression.

Wenn die „Zöglinge" den Erwartungen nicht entsprachen, reagierten Lehrer und Eltern oft mit Druck und Drill sowie psychischen und körperlichen Strafen. Erziehungsmittel wie Belohnung Lob, Ermutigung und lernförderliche Unterstützung gab es zwar auch, aber sie waren vielerorts nicht durchgängiges Prinzip des Lehrens und Erziehens.

Ein besonderes Recht auf seelischen Schutz hatten die Kinder und Jugendlichen nicht. Rücksicht auf ihre Psyche war noch nicht die Regel. Entwicklungspsychologisches Wissen war kaum vorhanden, weshalb die familiäre und die schulische Erziehung nicht am Entwicklungsstand der Heranwachsenden ausgerichtet waren. Die Kindheit und Jugend als eigenständige Lebensphase musste noch entdeckt und erforscht werden. Einen entwicklungspsychologischen Schonraum im heutigen Sinne gab es nicht.

Erst in der Zeit der Aufklärung kam ein Wandel des pädagogischen Denkens in Gang. Ein zentrales Postulat war, „dass Erziehung den einzelnen Menschen und somit die ganze Gemeinschaft auf eine höhere Stufe der Entwicklung stellen kann" (Nohl 1926, S. 5). Man forderte eine Verbesserung des Schulunterrichts und der

Schulerziehung. Praktische Umsetzungen blieben aber insular oder scheiterten an der Diskrepanz zwischen Ideal und Realität. Die Schule war großenteils immer noch eine unterrichtsmethodisch und erzieherisch unterentwickelte Bildungseinrichtung. Ein autoritäres Menschenbild, ins Werk gesetzt von Aristokratie, Militär und Kirche, dominierte das Erziehungsverhalten. Das Lernen und Verhalten wurden autokratisch gesteuert. Die Rute war das Symbol des Erziehers. Von den Heranwachsenden wurde strikter Gehorsam eingefordert.

Nur eine kleine Minderheit der Heranwachsenden genoss eine Schulbildung, die den Vorstellungen eines guten Unterrichts und einer menschenfreundlichen Erziehung durchaus entsprach. Zum einen in privaten „Modellschulen" wie der des Philanthropen Christian Gotthilf Salzmann; zum anderen im Hausunterricht, der in Adelshäusern oder in reichen Bürgerhäusern stattfand. Die „Hausschüler" wurden von Hauslehrern unterrichtet, die nach dem Studium zunächst keine akademische Arbeitsstelle fanden. Als solche Hauslehrer seien berühmte Personen genannt wie Johann Gottfried Fichte, Johann Friedrich Herbart, Johann Gottfried Herder, Immanuel Kant und Johann Joachim Winckelmann.

Die allgemeine Schulwirklichkeit stand im Kontrast zu den Inseln einer modellhaft guten Schulbildung. Sowohl im „niederen" als auch im „höheren" Schulwesen entsprachen die Leistungen und die Disziplin der Schülerinnen und Schüler häufig nicht den Vorstellungen und Ansprüchen der Eltern und Lehrer. Die „niederen" Schulen verließen viele Absolventen mit einem Bildungsminimum. Das Klagelied vom schlechten Schüler wurde sehr oft gesungen.

2. Gründung der Schulpsychologie

*"Historisch wichtig ist festzustellen:
Der erste als (deutscher) Schulpsychologe zu
bezeichnende wissenschaftliche Psychologe
nahm im Rahmen eines groß angelegten
Schulreformprojekts seine Tätigkeit auf."*
KURT AURIN

Dass Schülerinnen und Schüler, die in Entwicklungsschwierigkeiten gerieten, spezielle Hilfe brauchten, war am Ende des 19. Jahrhunderts und am Beginn des 20. Jahrhunderts eine neue Erkenntnis, die sich allmählich zu verbreiten begann. Sie verlangte nach praktischen Konsequenzen. Eine bestand darin, in klinisch-psychologischen Einrichtungen Behandlungen für lern- und verhaltensgestörte Kinder und Jugendliche anzubieten. Im angelsächsischen Bereich war ein Ursprungsort hierfür die Psychological Clinic in Philadelphia an der University von Pennsylvania, die 1896 von Lightner Witmer gegründet wurde (Merrell et al. 2012, S. 26). Dort wurden auch Kinder behandelt, die aufgrund von Leistungs- und Disziplinschwierigkeiten auffällig wurden. Darüber hinaus bildete Witmer Lehrerinnen und Lehrer fort, um sie für die Förderung lernschwieriger Schüler zu qualifizieren. Im selben Jahr plädierte er auf dem

Jahreskongress der American Psychological Association (APA) für eine breite Anwendung psychologischer Erkenntnisse im Schulwesen.

Im deutschsprachigen Raum war es der Psychiater Walter Fürstenheim, der 1906 in Berlin eine mediko-pädagogische Poliklinik für Kinderforschung, Erziehungsberatung und ärztlich-erzieherische Beratung eröffnete (Specht 2000, S. 730.). Es war eine Anlaufstelle für Eltern, die wegen ihrer erziehungs- und schulschwierigen Kinder Hilfe suchten.

Ein ebenso wichtiger Gründungsimpuls entsprang aus einem Problem, das im Gefolge der Einführung der allgemeinen Schulpflicht immer virulenter wurde. Es bestand darin, dass bei einem Teil der Schülerinnen und Schüler das Begabungspotenzial nicht ausreichte, um dem Normalunterricht zu folgen. Zur Problemlösung wurden Sonderschulen eingerichtet. Für eine Sonderschulzuweisung benötigte man objektive Testverfahren. Der erste Auftrag zu einer Testkonstruktion erging 1905 vom französischen Erziehungsministerium an Alfred Binet, der zusammen mit Théodore Simon den ersten Intelligenztest für Kinder und Jugendliche entwickelte. Der Binet-Simon-Test war aber nicht nur für die Sonderschulzuweisung nützlich, sondern ermöglichte auch eine psychodiagnostisch fundierte Schullaufbahnberatung. In den Jahren 1908 bis 1911 wurde das Testverfahren von Otto Bobertag ins Deutsche übertragen und weiterentwickelt.

Schließlich spielten im Prozess der Professionsentstehung auch Appelle der wissenschaftlichen Psychologie eine Rolle. Am deutlichsten war jener von William Stern, der 1910 in seinem Zeitschriftenaufsatz „Das übernormale Kind" den Begriff „Schulpsychologie" kreierte und für eine intelligenzdiagnostisch fundierte Schullaufbahnzuweisung plädierte (Stern 1910). Ein Jahr später, auf dem „Ersten Deutschen Kongress für Jugendbildung und Jugendkunst" in Dresden, forderte er die Einstellung von Schulpsychologen.

William Sterns Forderung wurde allerdings nicht in Deutschland, sondern in Großbritannien zuerst verwirklicht. Der City Council of London wollte am Beginn des 20. Jahrhunderts im Schul- und Sozialwesen neue Wege beschreiten. Ein Ziel war die begabungsadäquatere Förderung von Schülern, ein anderes die Prävention von Lern-, Verhaltens- und Kriminalitätsproblemen. Hierfür war aus politischer Sicht professionelles psychologisches Wissen vonnöten. Und so beschloss man, die Stelle eines Schulpsychologen zu schaffen (Sutherland/Wiese 1980). Aus dem Pool der 38 Bewerber wurde der 30 Jahre alte Psychologe Cyril Burt ausgewählt.

Seinen Dienst trat er Anfang Mai 1913 an. Nach seinem Studium war er „Lecturer in Psychology" an der Liverpool University. Er galt als ausgezeichneter Intelligenzdiagnostiker. Dies brachte ihn in Kontakt mit Charles Spearman, dem Begründer der Zwei-Faktoren-Theorie der Intelligenz, und Karl Pearson, einem der Wegbereiter der modernen Statistik.

Cyril Burts unmittelbarer Vorgesetzter war der aus Schottland stammende Chief Education Officer Robert Blair, der einen starken schottischen Akzent sprach. In seiner Begrüßungsrede, die er bei Burts Dienstantritt hielt, prägte er folgenden Satz: „Young man, ye're the fust official psychologist in the wurrld an ye've all London at yer feet. Now come back in a week and tell me what ye're going to do"(Sutherland/ Wiese 1980, S. 181).

Arbeitsfelder des ersten Schulpsychologen waren großflächige Intelligenzuntersuchungen, sonderpädagogische Zuweisungsdiagnostik, die Entwicklung und Multiplikation von Präventionskonzepten. Später war Cyril Burt als Dozent für Pädagogische Psychologie am London Day Training College (LDTC) tätig.

Zwei Jahre nach der Londoner Geburtsstunde richtete der State Board of Education des US-Bundesstaates Connecticut einen Schulpsychologischen Dienst ein, der vom Kinderpsychologen Arnold Gesell geleitet wurde (Ehly/ Northup 2005). Er war der erste amerikanische Psychologe, der sich School Psychologist nannte. Dieses Beispiel machte in den USA rasch Schule, so dass im Jahre 1920 bereits 200 amerikanische Schulpsychologen tätig waren. In der Folgezeit stieg diese Zahl bis zum Jahr 1940 auf immerhin 500. Viele Pioniere erhielten an der New York University und an der Pennsylvania State University eine spezielle schulpsychologische Qualifizierung.

Das erste schulpsychologische Fachbuch „Psychological

Service for School Problems" wurde 1930 von der an der Columbia University tätigen Psychologin Gertrude Hildreth publiziert. Darin beschrieb sie praxisnah die Aufgaben und Vorgehensweisen im schulpsychologischen Arbeitsfeld. Es war 25 Jahre lang das maßgebliche schulpsychologische Standardwerk.

Im Gegensatz zu den USA blieb es in Europa bei zaghaften Pionierversuchen. 1922 wurde in Deutschland beziehungsweise in Mannheim der erste deutsche Schulpsychologische Dienst eingerichtet. Zur Biographie Hans Lämmermanns, des ersten deutschen Schulpsychologen, und zur Tätigkeit dieser ersten Beratungsstelle werden im Folgenden einige wichtige Daten und Ereignisse in Erinnerung gerufen.

Hans Lämmermann wurde am 31.1.1891 in Nürnberg geboren. Bereits während seiner Jugendzeit kam er mit seinen Eltern ins Großherzogtum Baden. Er besuchte die Realschule in Lahr (Schwarzwald) und anschließend das Lehrerseminar in Karlsruhe. Im Jahre 1908 trat er in den Schuldienst ein und unterrichtete an verschiedenen badischen Schulen. Von 1914-1918 nahm er am Ersten Weltkrieg teil und wurde zweimal verwundet. Nach der Heimkehr setzte er seine Lehrertätigkeit fort. Seine neue Dienststelle wurde die Mannheimer Volksschule, deren differenziertes und flexibles, von Stadtschulrat Anton Sickinger geschaffenes Schulsystem in ganz Deutschland als vorbildlich und fortschrittlich galt. Seit Beginn seiner Mannheimer Zeit qualifizierte sich Hans Lämmermann in wissenschaftlicher Psychologie weiter.

Das Mannheimer Schulsystem wurde seit dem Herbst 1919 von Professor Wilhelm Peters, dem Leiter des Instituts für Psychologie und Pädagogik der Handelshochschule Mannheim, wissenschaftlich begleitet. Dieser schlug dem Stadtschulrat Sickinger die Schaffung einer Schulpsychologenstelle vor, weil das Institut sich nicht mehr imstande sah, diese Arbeit allein zu bewerkstelligen. Sickinger und Peters setzten sich beim Mannheimer Oberbürgermeister Theodor Kutzer für die Gründung dieser Dienststelle engagiert ein. Unterstützt wurden sie vom Leiter des schulärztlichen Dienstes, Dr. Paul Stephani, und vom Leiter der Beratungsstelle für Schwererziehbare Dr. Julius Moses.

Am 1.6.1922 wurde die Stellengründung vom Mannheimer Stadtrat beschlossen und gleichzeitig vom badischen Unterrichtsministerium genehmigt. Der Dienstbetrieb der Beratungsstelle und das Dienstverhältnis des ersten deutschen Schulpsychologen begannen offiziell am 1.11.1922. Die Lehrerschaft stand dieser neuen Einrichtung zunächst skeptisch bis ablehnend gegenüber.

Sie „witterten in dem Schulpsychologen einen neuen Vorgesetzten, sie fürchteten außerdem, dass von einer derartigen Einrichtung allerlei Störungen der Unterrichtsarbeit ausgehen könnten. Vor allem aber wurde die Ansicht vertreten, dass jeder Lehrer sein eigener Schulpsychologe sein müsse, dass das Psychologische ein so wesentlicher Bestandteil der Lehrerarbeit sei, dass es sich nicht davon abtrennen und besonders erledigen lasse. Für die praktischen psychologischen Aufgaben aber, die wirklich über den Rahmen der eigenen Schulklasse hinausgehen, gebe es unter den Lehrern Leute genug, die über die notwendige psychologische Durchbildung verfügten, um in der Lage zu sein, diese Aufgaben zu besorgen. Es sei also unnötig, den Lehrern einen Schulpsychologen aufzunötigen" (Lämmermann 1929, S. 4).

Trotz dieses anfänglichen Akzeptanzproblems ging Hans Lämmermann mit großem Engagement an die Arbeit. Wichtig für ihn war zum einen, dass er das volle Vertrauen und die Unterstützung des Stadtschulrats hatte; zum anderen, dass er von Professor Wilhelm Peters und dem Institut für Psychologie und Pädagogik wissenschaftlich und fachlich intensiv unterstützt und supervidiert wurde.

Gemäß Dienstanweisung sollte Hans Lämmermann (1929, S. 5):

a) *die für die Mannheimer Volksschule nötigen und nützlichen Erhebungen, Schülerbeobachtungen und Schüleruntersuchungen durchführen,*

b) *an der Bereitstellung der wissenschaftlichen Grundlagen zur Lösung praktisch bedeutungsvoller psychologisch-pädagogischer Probleme mitarbeiten,*

c) die Lehrerschaft auf ihren Wunsch bei der Erkundung und Beurteilung eigenartiger Schüler-Individualitäten unterstützen und ihr in besonderen Sprechstunden Rat und Auskunft erteilen.

Im Einzelnen umfassen die Aufgaben des psychologischen Beraters

a) die Durchführung von Intelligenz- und Begabungsprüfungen an Schülern der Haupt-, Förder-, Hilfs-, Sprach- und Übergangsklassen,

b) die Vornahme von Fähigkeitsprüfungen bei Schülern, die von einer Klassen- oder Schulart in eine andere überführt werden sollen,

c) die Mitwirkung an der Berufsberatung und im Bedarfsfalle die Anstellung von Berufseignungsprüfungen an abgehenden oder bereits abgegangenen Schülern,

d) die Durchführung didaktischer und methodischer Versuche.

Übersetzt man die Tätigkeitsmerkmale in die aktuelle schulpsychologische Fachsprache, so war Hans Lämmermann Schullaufbahnberater, Einzelfallberater, Berufsberater, Systemberater und Aktionsforscher in einer Person. Diese komplexe Aufgabe konnte er nur bewältigen durch eine hohe Arbeitsmotivation, durch eine effiziente Arbeitsorganisation und durch personelle

Erweiterung seiner Institution. Letzteres bedeutete, dass interessierte und befähigte Lehrpersonen von Hans Lämmermann psychodiagnostisch weitergebildet wurden. Sie unterstützten ihn vor allem bei den umfangreichen Schullaufbahnuntersuchungen. Er traf sich mit diesen Lehrern regelmäßig in einer psychologischen Arbeitsgemeinschaft, um die diagnostische Arbeit zu planen und zu reflektieren. Im Grunde genommen war Mannheim somit nicht nur der Geburtsort der deutschen Schulpsychologie, sondern auch der deutschen Beratungslehrer.

Bei ihrer diagnostischen Arbeit bedienten sich Hans Lämmermann und sein Team eines Instrumentariums, das von einem hohen wissenschaftlichen Standard zeugt. Zur Diagnose sonderschulbedürftiger Kinder wurde das Binetarium verwendet. Zur Förderklassendiagnostik (schwachbegabte, aber noch der Normalität angehörende Schüler) wurde eine Testreihe entwickelt, die mit der Intelligenzschätzung der Lehrer hoch korrelierte. Zur Auslese für die gehobenen Züge der Volksschule (Begabtenauslese) entstand das Mannheimer kombinierte Verfahren, das aus dem Lehrerurteil, der psychologischen Prüfung und der pädagogischen Prüfung (Schulleistungstests) bestand (Lämmermann 1927). Aus einer Bewährungskontrolle dieses Verfahrens geht hervor, dass es die Zahl der Ungeeigneten um 44% verringerte, „ohne dass dabei eine nennenswerte Zahl Geeigneter ungerechtfertigterweise mit ferngehalten würde" (Lämmermann 1929, S. 42).

Hans Lämmermann legte immer großen Wert darauf, diagnostische Entscheidungen auf einer breiten Datenbasis zu treffen. Er vermied eine testdiagnostische Einseitigkeit. Stets mussten die Befunde durch qualitative Daten ergänzt werden. Diese umfassten vor allem Lehrerbeobachtungen. Um den Lehrer zu einer kindgerechten qualitativen Diagnose zu befähigen, entwickelte er eine „Anleitung zur psychologischen Beobachtung und Beurteilung der Schüler" (Lämmermann o. J.). Der Schülerbogen wurde von den jeweiligen Klassenlehrern während der gesamten Schullaufbahn geführt. Zu beurteilen waren das Gefühlsleben, das soziale Verhalten, das Selbstbewusstsein, das Arbeits- und Konzentrationsverhalten, die Interessen, die Begabungsstruktur und die häusliche Umwelt. Auf der Grundlage dieser schülerbiographischen Daten, der Noten und der Testergebnisse wurden die Schullaufbahnempfehlungen erarbeitet.

Welche immense Arbeitsmenge zu bewältigen war, sei an Daten aus dem Tätigkeitsbericht des Schuljahres 1930/31 aufgezeigt ((Ingenkamp 1990, S. 329). Insgesamt wurden in jenem Berichtszeitraum 3729 Schüler untersucht. Die Beratungsanlässe verteilten sich auf folgende Kategorien:

I Einzelprüfungen	
1. Individualdiagnosen mit Erstattung ausführlicher Gutachten, Auslese für die Hilfsschule	142
2. Auslese für die Förderklassen (1. Klasse)	302
II Gruppenprüfungen	
1. Auslese für die Förderklassen (2.-7. Klasse)	1389
2. Auslese für die 5. Sprachklasse	673
3. Auslese für die 7. Übergangsklasse	24
4. Auslese für die höhere Schule	1088
5. Auslese für die städtische Hausfrauenschule und für den Sonderkurs dieser Schule	55
6. Feststellung des Begabungsniveaus einzelner Schulklassen auf Wunsch des Klassenlehrers	27
7. Sonstige Anlässe	29

Zur Testkonstruktion und zur Bewährungskontrolle der Schullaufbahnempfehlungen führte Hans Lämmermann in Kooperation mit dem Institut für Pädagogik und Psychologie eine ganze Reihe empirischer Studien durch. Beim Institutsleiter Wilhelm Peters, der 1923 an die Universität Jena wechselte, promovierte er 1930. Das Thema seiner Doktorarbeit lautete: „Typologie und Ätiologie der Schulbegabung" (Lämmermann 1931).

Zieht man das Fazit aus den vielfältigen Tätigkeiten des ersten Schulpsychologischen Dienstes, so ist Beachtliches geleistet worden. Er beeinflusste maßgebend die qualitative Verbesserung des Mannheimer Schulsystems und förderte dadurch auch die persönliche Weiterentwicklung der untersuchten und beratenen Schüler. Die anfängliche Aversion der Lehrerschaft kehrte sich im Lauf der Jahre in eine hohe Akzeptanz um. Zu diesem Wandel hat sicherlich die Tatsache beigetragen, dass die pädagogische Verantwortung des Lehrers nicht in Frage gestellt wurde. Die Differenzierungsentscheidungen trafen die Schule beziehungsweise die Lehrer. Lämmermann (1929, S. 8) nannte dies „gutachtliche Ergänzung des Lehrerurteils".

Der Mannheimer Schulpsychologische Dienst war seiner Zeit weit voraus. Der Erziehungswissenschaftler Karlheinz Ingenkamp (1990, S. 204) gelangt in seiner „Geschichte der Pädagogischen Diagnostik" zur folgenden würdigenden Schlussfolgerung: „Mit den Mannheimer Untersuchungen lag ein so reichhaltiges und beweiskräftiges Material vor, wie es seitdem in Deutschland zur Übergangsauslese nicht wieder erhoben wurde. Die Daten verdienen besondere Beachtung wegen der Vielfalt der Auslesebestandteile und wegen der Möglichkeit, Wirkungen der positiven und negativen Auslese zu überprüfen. Für bildungspolitische Entscheidungen war damit fundiertes Material vorhanden."

Obwohl die Mannheimer Schulpsychologie ihre Wirksamkeit unter Beweis stellte und die Erfolge bekannt wurden, wurden in Deutschland keine weiteren schulpsychologische Dienste gegründet. Sie wären vonnöten gewesen, da sich die Schulprobleme seit Beginn des 20. Jahrhunderts nicht verringert hatten. So gab es in den zwanziger Jahren viele Klagen über den Leistungsrückgang der Volksschüler. Laut der preußischen Statistik von 1926 erreichten lediglich 49% der Schüler in den städtischen Gemeinden das reguläre Ziel der Volksschule und auf dem Lande nur 54% (Leschinsky 1982, 47 f.). Der Rest verließ die Volksschule ohne Abschluss. Auch mit den Gymnasiasten war man damals nicht zufrieden. Das negative Feedback kam vor allem von den Hochschulen, die das Leistungsniveau der Studienanfänger kritisierten. Beispielsweise klagte der Senat der Universität München über deren mangelhaftes Sprach- und Ausdrucksvermögen (Keller 2005, S. 33).

Ende der 1920er Jahre wurde mit Berufsanfängern in der Rheinprovinz ein Leistungstest durchgeführt (Ingenkamp 1986, S. 4). Im Rechentest betrug die Quote der richtigen Lösungen bei den Jungen 56% und bei den Mädchen 50%. In der aus acht Sätzen bestehenden Rechtschreibprobe machten die Jungen durchschnittlich 7,8 Fehler und die Mädchen durchschnittlich 6,7 Fehler.

Am Beginn der dreißiger Jahre monierte der Württembergische Industrie- und Handelstag, dass viele aus der Volksschule kommende Lehrlinge nicht diejenigen Kenntnisse in der deutschen Sprache, im Rechtschreiben und im Rechnen mitbringen, die man von ihnen verlangen müsse (Kersting 1989).

Die erfolgreiche Mannheimer Schulpsychologie endete leider mit Ablauf des Schuljahres 1933/34. Die Nationalsozialisten lösten die erste deutsche Schulpsychologische Beratungsstelle auf. Aus ihrer ideologischen Sicht waren für die Entwicklung von Schülern weniger psychologische Tests und Beratungen vonnöten, als vielmehr harte Erziehung und körperliche Ertüchtigung. Dies sind Erziehungsziele, die der Schulversager Adolf Hitler bereits in „Mein Kampf" postuliert hatte. Außerdem waren die Nationalsozialisten der Meinung, dass eine solche Schulpsychologie zu sehr an den Juden Sigmund Freud erinnern würde.

Hans Lämmermann wurde in den Schuldienst zurückversetzt und unterrichtete an der Pestalozzi-Schule Mannheim Hilfsschüler. Endgültig aufgelöst wurde das Mannheimer Schulsystem 1935.

Wilhelm Peters, der das Mannheimer Schulsystem anfangs begleitete und für mich der wissenschaftliche Vater der deutschen Schulpsychologie ist, wurde 1933 an der Universität Jena entlassen, weil er jüdischer Abstammung war. Er emigrierte zuerst nach Großbritannien und 1937 in die Türkei. Die Universität Istanbul berief ihn auf einen Lehrstuhl für Pädagogische Psychologie. 1952 kehrte er als Emeritus nach Deutschland zurück.

Wie der Großteil der Deutschen unterlag Hans Lämmermann im weiteren Verlauf der dreißiger Jahre dem brutalen Konformitätsdruck der Nazidiktatur. Er trat in den Nationalsozialistischen Lehrerbund ein, dem 97% der deutschen Lehrerinnen und Lehrer angehörten. Seinen Veröffentlichungen ist zu entnehmen, dass er für Testuntersuchungen zur Identifikation von Schwachsinnigen eingesetzt wurde, deren Daten von den Erbgesundheitsgerichten zur Sterilisationsentscheidung verwendet wurden.

Im deutschsprachigen Raum gab es vor dem Zweiten Weltkrieg weitere Gründungsaktivitäten. Édouard Claparède, Professor für Psychologie und Pädagogik an der Universität Genf, gebrauchte zum ersten Mal in der Schweiz den Begriff „Schulpsychologie". Erste Schulpsychologische Dienste wurden 1930 in Basel und 1939 im Kanton St. Gallen eingerichtet (Käser 1991, S. 11).

Eine explizit so bezeichnete Schulpsychologische Beratungsstelle existierte in Österreich vor dem Zweiten Weltkrieg nicht. Eine Grundsteinlegung fand erst im Jahr 1947 statt (Eder et al. 2010). Es gab aber in der Zwischenkriegszeit in Wien vom Individualpsychologen Alfred Adler begründete Erziehungs- und Lehrerberatungsstellen. Deren Beratungsschwerpunkt lag auf der Analyse und Bewältigung von Schulschwierigkeiten.

3. Aufbau der Schulpsychologie

„In der Bundesrepublik haben sich die schulpsychologischen Dienste auf der Basis unterschiedlicher lokaler Bedingungen und graduell verschiedener theoretischer Auffassungen unterschiedlich entwickelt. "
KARLHEINZ INGENKAMP

In den Nachkriegsjahren, nach dem Ende der NS-Diktatur, wuchs wieder die Einsicht in die Notwendigkeit, die seelische Entwicklung und Gesundheit von Kindern und Jugendlichen gezielt zu fördern. Die 1945 gegründete UNESCO nahm sich des Themas „Schulpsychologie" an. Sie führte eine Bestandsaufnahme durch, an der 43 Länder teilnahmen (UNESCO 1948). Eine zentrale Schlussfolgerung war, dass die schulpsychologische Beratung sich in den meisten Ländern in der Anfangsphase befand und dringend eines Aufbaus bedarf.

Im Jahre 1948 erfolgte der erste Schritt zum Wiederaufbau der deutschen Schulpsychologie. Mit Hans Kirchhoff wurde in Hamburg der erste deutsche Schulpsychologe nach dem Zweiten Weltkrieg eingestellt. Zum Zeitpunkt seines Dienstbeginns hieß seine Dienststelle noch „Schülerkontrolle". Sie wurde 1931 zur Überwachung der Schulpflicht gegründet. 1953 erfolgte dann die Umbenennung in „Schülerhilfe". Schwerpunkt der schulpsychologischen Arbeit war „die Hilfe für das leistungs- und verhaltensgestörte Kind" (Bärsch 1997, S. 18). Nicht nur in Hamburg, sondern auch in anderen deutschen Großstädten wurden schulpsychologische Dienste eingerichtet:

- Stuttgart (1950)
- Heidelberg (1950)
- München (1952)
- Fürth (1952)
- Mannheim (1953)
- Berlin (1957)
- Hannover (1957)
- Köln (1958)
- Düsseldorf (1959).

Das Bundesland Hessen richtete ab 1954 als erstes Flächenland schulpsychologische Dienste ein, deren konzeptioneller Schwerpunkt die Beratung des Systems Schule war. „Schulpsychologie tritt hier von Anfang an bewusst in den Dienst der Schulpädagogik ganz allgemein. Einzelfallberatung blieb Teil des Gesamtauftrags. Schullaufbahnlenkung generell (auch verstanden als Bildungsberatung), methodisch-didaktische Beratung als allgemeine Unterrichtsförderung, Mitarbeit in der Lehrerbildung und schulpädagogische Tatsachenforschung (auch als wissenschaftliche Begleitung von Schulversuchen) traten in den Vordergrund" (Bach 1972, S. 292). Man sprach damals vom Hamburger Modell der

Einzelfallhilfe und vom Hessischen Modell der Schulberatung.

Im Frühjahr 1954 konferierte die UNESCO mit 19 europäischen Schulpsychologie-Experten in Hamburg, um den Aufbau der schulpsychologischen Versorgung zu forcieren. Gleichzeitig wurde der Mindeststandard für die Schulpsychologen-Schüler-Relation auf 1:6000 festgelegt (Käser 1993, S. 22). Mit dem Versorgungsaufbau in Deutschland war man damals nicht zufrieden. Zurecht, denn er verlief sehr schleppend.

Zum ersten Mal in der Schulpsychologie-Geschichte fand vom 11.-15. Mai 1959 eine Arbeitstagung der deutschen Schulpsychologen statt. Sie wurde organisiert von der 1955 gegründeten Sektion Schulpsychologie im BDP in Kooperation mit der Schülerhilfe der Freien und Hansestadt Hamburg. Das Tagungsthema hieß „Kontaktgestörte Kinder in Schule und Heim". An der Veranstaltung nahmen Schulpsychologinnen und Schulpsychologen aus der Schweiz, aus Dänemark, Österreich und Jugoslawien sowie aus der pädagogisch-psychologischen Wissenschaft teil. „Sämtlichen 80 Teilnehmern gingen die Referate im Vorwege schriftlich zu, so dass sie Gelegenheit zu vorbereiteten Stellungnahmen und Diskussionsbeiträgen erhielten" (Piel 1959, S. 462).

An der eklatanten personellen Unterversorgung der deutschen Schulpsychologie änderte sich trotz der UNESCO-Empfehlungen nur wenig. Auf dem Symposion über Pädagogische Psychologie, das vom 23. bis 26.3.1964 in Berlin stattfand, wurde deshalb eine Resolution verabschiedet. Kerninhalt war die Forderung nach einer deutlichen Erhöhung der Schulpsychologen-Stellen in den Bundesländern. Auf der Arbeitstagung der Sektion Schulpsychologie in Dortmund (7. bis 10. Oktober 1964) wiederholte man diesen Appell und definierte die zentralen beruflichen Arbeitsfelder:

- Einzelfallberatung
- Betreuung sozialpädagogischer Einrichtungen
- Schullaufbahnberatung
- Kontrolle und Verbesserung schulpsychologischer Methoden
- Konfliktpsychologische Arbeit im pädagogischen Feld
- Schulpsychologische Lehrerfortbildung
- Koordinierende Zusammenarbeit mit der Kinder- und Jugendhilfe.

Gleichzeitig wurde auch eine Aussage zur Qualifikation der Schulpsychologen getroffen. Aus der damaligen Sicht war eine Verbindung eines Psychologie-Diplomstudiums mit einer abgeschlossenen Lehrerausbildung unerlässlich.

1965 gab es laut einer bundesweiten Erhebung 106 schulpsychologische Fachkräfte (Ingenkamp 1966). Die Schüler-Schulpsychologe-Relation belief sich auf 1:81598. Der Versorgungsgrad war in Berlin mit 1:19021 am besten. In den Bundesländern Rheinland-Pfalz und Saarland existierte noch kein Schulpsychologischer Dienst. Der Großteil der schulpsychologischen Tätigkeit bestand in den meisten Bundesländern aus Einzelfallhilfe und Schullaufbahnberatung. Nur in Hessen hatte die Systemberatung im Zeitbudget einen höheren Anteil. Auf die Frage nach den Ursachen des unbefriedigenden Versorgungsgrades fand Ingenkamp (1966, S. 41) folgende Antwort:

„Bedingt durch die politische und kulturelle Isolierung vor und während des Zweiten Weltkrieges und später auch durch den Existenzkampf in den ersten Nachkriegsjahren war die Entwicklung der Schulpsychologischen Dienste im Vergleich zu anderen europäischen Staaten und zu den USA weit zurückgeblieben. Dieser Rückstand muß vorwiegend auf mangelnde Einsicht in die Notwendigkeit einer schulpsychologischen Betreuung zurückgeführt werden ... Auch heute noch ist die Bundesrepublik in schulpsychologischer Hinsicht ein ‚Entwicklungsland', das seiner Schuljugend wesentlich weniger schulpsychologische Hilfe anbieten kann als z. B. das wirtschaftlich schwächere Dänemark."

Hoffnung auf Besserung der miserablen Versorgungssituation leuchtete Mitte der 60er Jahre auf. Georg Picht (1964) analysierte in einer Artikelserie für die Wochenzeitung „Christ und Welt" das deutsche Bildungswesen. Er kritisierte die zu geringen Bildungsausgaben, die niedrige Abiturentenquote und das Stadt-Land-Bildungsgefälle hin. Er rief den Bildungsnotstand aus und forderte den Staat zu mehr Bildungsinvestitionen auf. Die internationale Wettbewerbsfähigkeit der Bundesrepublik Deutschland sei akut gefährdet. Ralf Dahrendorf (1965) wies in seiner Schrift „Bildung ist Bürgerrecht" auf die Vernachlässigung der Chancengleichheit hin und plädierte für eine aktivere Bildungspolitik. Beide Publikationen trugen entscheidend dazu bei, dass 20 Jahre nach Kriegsende endlich eine Bildungsreform in die Gänge kam. Und davon profitierte auch die Schulpsychologie.

In Baden-Württemberg startete 1966/67 der Aufbau einer speziellen Form der Schulpsychologie, die Bildungsberatung genannt wurde (Reichenbecher et al. 2006). Sie hatte das Ziel, durch intensive psychodiagnostisch fundierte Schullaufbahnberatung die Ausschöpfung der Begabungsreserven voranzutreiben sowie das regionale und soziale Bildungsgefälle abzubauen. Somit wurde sie zu einem schulreformerischen Instrument der Bildungspolitik. Die ersten fünf Bildungsberatungsstellen wurden in Regionen geringer Bildungsdichte eingerichtet, und zwar in Balingen, Biberach an der Riß, Mosbach, Schwäbisch Hall sowie Villingen.

Die Forderung nach Vergrößerung des schulpsychologischen Beratungsangebots hatte eine weitere Ursache. Es mehrten sich im deutschen Wirtschaftswunderland die Klagen über das negative Verhaltensbild vieler Schülerinnen und Schüler. Empirische Erhebungen bestätigten den negativen Eindruck. So führte der Pädagoge Hans-

Christian Thalmann (1971) Mitte der 60er Jahre eine viel zitierte Studie über Verhaltensstörungen im Grundschulalter durch, nach deren Ergebnissen die damaligen Grundschulkinder folgendermaßen kategorisiert wurden:

symptomfrei	22 %
mäßig symptombelastet	29 %
leicht symptombelastet	29 %
stark belastet	19 %
Anstaltsfälle	1 %

Die Gremien und Gutachterkommissionen, die im Kontext der Bildungsreform tätig wurden, wiesen der Schulpsychologie im zukünftigen Bildungswesen eine wichtige Rolle zu. 1973 verabschiedeten die Kultusministerkonferenz und die Bund-Länder-Kommission für Bildungsplanung und Forschungsförderung die Empfehlungen zur „Beratung im Bildungswesen". Zentrales Ziel war, das schulische Beratungssystem flächendeckend auszubauen. Die Versorgungsquote von schulpsychologischen Fachkräften zur Schülerzahl sollte bis 1985 Jahre 1:5000 betragen (Deutscher Bundestag 1973, S. 47). Sie sollten für folgende Aufgaben zur Verfügung stehen:

- „Einzelfallhilfe als Beratung und Betreuung lern- und verhaltensgestörter Schüler auf der Grundlage psychologischer Diagnoseverfahren, sofern diese nicht spezieller Behandlung bedürfen

- Schullaufbahnberatung auf der Grundlage von Einzel- und Gruppenuntersuchungen als Beratung des einzelnen über seine Eignung für bestimmte Bildungsgänge
- Beratung der Lehrenden bei pädagogischen Konfliktfällen und durch Mitwirkung bei der Lehrerfortbildung
- Beratung der Eltern und Lernenden bei pädagogischen Konfliktfällen
- Mitwirkung bei Modellversuchen und Forschungsvorhaben, bei der Entwicklung, Erprobung und Revision von Curricula und bei der Objektivierung der Beurteilungsverfahren – insbesondere der Leistungsmessung – in den Schulen".

Im Aufbauprozess der deutschen Schulpsychologie wuchs auch das Informations- und Austauschbedürfnis der professionellen Gemeinschaft. Deshalb wurde im September 1974 in Westerland/Sylt die 1. Bundeskonferenz für Schulpsychologie und Bildungsberatung von der Sektion Schulpsychologie des BDP veranstaltet (Arnhold 1975). Themenschwerpunkte waren:

- die personelle Situation der Schulpsychologie in der Bundesrepublik Deutschland
- Perspektiven, Probleme und Aufgaben schulpsychologischer Tätigkeit im Bildungswesen
- psychologische Beratung in der Schule unter dem Aspekt der Verhaltensmodifikation und Verhaltenstherapie

- psychologische Beratung in der Orientierungsstufe und reformierten Oberstufe (Abiturientenberatung)
- psychologische Beratung von und in Gesamt- sowie Modellschulen
- Lehrertraining und pädagogische Diagnostik
- Vorhersage von Studienerfolg
- die psychologische Situation ausländischer Schüler in der Bundesrepublik Deutschland.

Wolfgang Arnhold, Sektionsvorsitzender und Kongressorganisator, konstatierte für die Schulpsychologie angesichts der bildungsreformerischen Zielvorgaben einen großen personellen und konzeptionellen Nachholbedarf. In seiner Bestandsaufnahme wies er auch darauf hin, dass nur noch in Berlin und Hessen eine pädagogisch-psychologische Doppelqualifikation Einstellungsbedingung für Tätigkeit als Schulpsychologe gilt. Alle anderen Bundesländer verlangten lediglich einen Psychologie-Diplomabschluss.

Nachdem man festgestellt hatte, dass in den westdeutschen Bundesländern der Ausbau der schulpsychologischen Beratung zu wünschen übrigließ, wurde Mitte der siebziger Jahre im Auftrag des Bundesministeriums für Bildung und Wissenschaft eine bundesweite Erhebung über die Beratung im Schulbereich durchgeführt (Aurin et al. 1977). Unterstützt wurde das Forschungsprojekt von den Kultusbehörden aller Bundesländer, vom Deutschen Städtetag und von den Schuldezernenten von Städten und Landkreisen.

Laut den Untersuchungsergebnissen betrug die Anzahl der in der Bundesrepublik Deutschland tätigen Schulpsychologen 425, was eine deutliche Steigerung im Vergleich zur Mitte der sechziger Jahre bedeutete. Im Bundesdurchschnitt betrug die Relation Schulpsychologe zu Schüler 1:25000. Sie streute zwischen 1:8000 in Bremen und 1:61300 in Bayern. Als zentrales Tätigkeitsfeld erwies sich die Einzelfallhilfe, wobei für einen Fall 5-7 Stunden aufgewandt wurden. An zweiter Stelle stand die Schullaufbahnberatung. In den Interviews wurde auch nach den Arbeitserschwernissen gefragt. Zum einen wurde die mangelhafte Personalausstattung genannt. Zum anderen hielt man einseitige und unrealistische Erwartungsvorstellungen der Lehrerschaft und der Eltern für ein Problem: „Es wird erwartet, dass durch 2 oder 3 Beratungsgespräche – oder auch nach entsprechender Fördergruppenarbeit in einer Beratungsstelle – die beim einzelnen Schüler aufgetretenen Probleme behoben werden können und das Kind beziehungsweise der Jugendliche ‚geheilt' und schulisch voll funktionsfähig in den jeweiligen Klassenverbund zurückgegeben wird" (Aurin et al. 1977, S. 188). Im Schlussteil des Projektberichts wurden Empfehlungen zum Ausbau und zur Weiterentwicklung der Schulpsychologie gegeben. Als besonders wichtig wurde die Verwirklichung des Zielwerts „1 Schulpsychologe auf 5000 Schüler" erachtet, der 1973 von der Bund-Länder-Kommission für Bildungsplanung empfohlen wurde. Darüber hinaus wurde vorgeschlagen:

- die Beratungsschwerpunkte an den Vorstellungen der Erwartungsträger (Schule, Eltern) zu orientieren
- die Kontakte zu und die Kooperation mit den Schulen zu intensivieren
- die Öffentlichkeit über die Möglichkeiten und Grenzen der schulpsychologischen Beratung besser zu informieren
- die Kooperation mit den Psychologischen Instituten der Universitäten und mit den außerschulischen Beratungsdiensten weiterzuentwickeln
- die schulpsychologischen Beratungstätigkeiten zu evaluieren
- die Aus- und Fortbildung der Schulpsychologen zu optimieren.

Was die Ausbildung von Schulpsychologinnen und Schulpsychologen betrifft, beschritt das Bundesland Bayern 1978 einen eigenen Weg. Aus der damaligen ministeriellen Sicht geschah dies, um den Bedarf an doppelt qualifiziertem Schulpsychologie-Personal besser decken zu können. Der Studiengang „Psychologie mit schulpsychologischem Schwerpunkt im Rahmen eines Lehramtsstudiums" wurde seit dem Wintersemester 1978/79 angeboten. Die staatsexaminierten Absolventen sollten sowohl unterrichtlich als auch schulpsychologisch tätig werden. Dieses neue Ausbildungsmodell rief heftige Kritik des BDP hervor. Dieser war der Auffassung, dass nur das Psychologie-Diplom für eine schulpsychologische Tätigkeit qualifizieren dürfe. Detlef Berg (1983, S. 309), Mitbegründer des neuen Studiengangs und erster Inhaber des Bamberger Lehrstuhls für Schulpsychologie, teilte die Sichtweise des BDP nicht und argumentierte dagegen: „Ein Blick über die Grenzen zeigt, daß der von Bayern gewählte Weg ‚Kombination eines Lehramtsstudiums mit einem schwerpunktartig auf die besondere Berufssituation des Schulpsychologen bezogenen Psychologiestudiums' gar nicht so ungewöhnlich ist." Er verwies auf ähnliche Modelle in den Ländern Kanada, Dänemark, Neuseeland, Schweiz, USA und anderen.

Auf der 4. Bundeskonferenz für Schulpsychologie und Bildungsberatung in Hamburg hielt Franz Emanuel Weinert, renommierter Forscher auf den Gebieten der Lern- und Entwicklungspsychologie, am 8.10.1979 den Eröffnungsvortrag. Er betitelte ihn mit „Schulpsychologie zwischen Wissenschaft, Ideologie und Praxeologie" (Weinert 1980). Zum einen hob er die gestiegene Bedeutung der Schulpsychologie für die Förderung der Heranwachsenden hervor. Zum anderen stellte er eine immer noch vorhandene Skepsis mancher Erwartungsträger (Lehrer, Eltern, Schüler) fest. Als wichtig erachtete er eine Klärung des professionellen Selbstverständnisses. Darüber hinaus forderte er eine bessere Vernetzung mit der universitären Psychologie, eine berufsvorbereitende Qualifizierung der Berufsanfänger, eine kontinuierliche Fort- und Weiterbildung der Berufspraktiker, eine präventive Weitervermittlung schulpsychologischer Erfahrungen an Eltern und Lehrer sowie eine Verbesserung der Arbeitsbedingungen.

Als im Herbst 1981 die schulpsychologische Professionsgemeinschaft in Würzburg die 5. Bundeskonferenz abhielt, waren seit Beginn der Bildungsreform 15 Jahre vergangen. Kurt Aurin, Bildungsforscher und Promotor der Bildungsberatung, konstatierte in einem Vortrag: „Schulpsychologie und Beratung stellen ein unerlässliches Stützsystem eines differenzierten Schulwesens dar und werden als dessen fester Bestandteil angesehen. Mag auch der Ausbaustand von Beratung in manchen Ländern unzureichend und von den derzeitigen finanziellen Schwierigkeiten öffentlicher Haushalte betroffen sein" (Aurin 1983, S. 16). Diesem Statement ist einerseits zu entnehmen, dass die Schulpsychologie im Schulsystem eine Verankerung erfuhr. Andererseits klang Unzufriedenheit mit der Quantität der Institutionalisierung an.

Eine Verstärkung der schulpsychologischen Beratung war dringend erforderlich, denn die Schülerprobleme waren deutlich im Steigen begriffen. So beklagte der Kinderpsychiater Christoph Steinhausen am Beginn der achtziger Jahre das starke Ansteigen von Konzentrationsstörungen. Er zog hierzu ein alarmierendes Fazit:

„Mangelnde Konzentration, motorische Unruhe und ungesteuertes Verhalten gehören heute zu den häufigsten Klagen von Eltern und Lehrern und führen eine nicht unbeträchtliche Zahl von Kindern in die Sprechstunde von Ärzten und anderen Beratern. Neu an dieser Klage ist weniger die Tatsache als solche, als vielmehr die Intensität und Häufigkeit, mit der die Klage vorgebracht wird" (Steinhausen 1982, S. 11).

Zur selben Zeit analysierte der Erziehungswissenschaftler Jürgen Oelkers das Sozialverhalten der Schüler. Was er damals an den Jugendlichen beobachtete, ist alles andere als positiv: „Das Sozialverhalten dieser Fünfzehnjährigen ist jedenfalls in der Schule auffallend regressiv und individualistisch. Die Schüler verhalten sich wie Einzelgänger, die nur vorübergehend und zweckbestimmt Cliquen bilden; eine Gesamtgruppe mit Wir-Gefühl und gemeinsamer Aktivität ist nicht erkennbar" (Oelkers/Prior 1982, S. 36).

Um empirische Grundinformationen für die Weiterentwicklung der schulpsychologischen Arbeit zu gewinnen, wurde im Sommer 1982 erneut eine bundesweite Erhebung über Art und Umfang der Tätigkeiten durchgeführt (Berg 1985). Von den befragten Schulpsychologinnen und Schulpsychologen gaben 50% an, eine Doppelqualifikation zu besitzen. Die überwiegende Mehrheit war in mehreren Schularten tätig. Die Hälfte der Arbeitszeit wurde in Einzelfallhilfe investiert, die mit viel testdiagnostischem Aufwand verbunden war. Großenteils bestand die Hilfe aus mehreren Beratungskontakten. Die Systemberatung inklusive Lehrerfortbildung umfasste nur 15% der Arbeitszeit. Die meisten Befragungspersonen fühlten sich von der „Universitätspsychologie" für die schulpsychologische Berufspraxis nicht ausreichend vorbereitet.

Mit dem Thema „Systemberatung" befasste sich Detlev Berg auf der 7. Bundeskonferenz für Schulpsychologie und Bildungsberatung (30.9.-4.10. 1985 in Trier). Vermutlich war ein wesentlicher Anlass hierfür, dass dieser Arbeitsbereich in den Tätigkeitsanalysen bis dato zu kurz kam. Deshalb ermutigte er die deutsche Schulpsychologie, das systemberaterische Engagement zu verstärken. Die Rolle des Schulpsychologen in diesem Arbeitsbereich beschrieb er wie folgt:

„Der Schulpsychologe sollte sich als Motor, nicht als Tankwart für das Auto, d.h. für die Durchführung eines Vorhabens in der Systemberatung, verstehen. Es genügt nicht, gute Ideen zu haben, was andere tun können, oder in Vorträgen zu vermitteln, was alles im System Schule besser sein sollte. Ohne eine Begleitung des Vorhabens durch den Schulpsychologen besteht die Gefahr, dass es strandet oder dass das Resultat zu wenig gewürdigt wird und zu wenig eine positive Grundlage bildet für weitere Vorhaben" (Berg 1986, S. 46 f.).

Des Themas „Systemberatung" nahm sich 1988 auch die Sektion Schulpsychologie an. Ihr Vorsitzender Helmut Heyse forderte vor dem Hintergrund schulsystemischer Krisensymptome auf einer Delegiertenkonferenz einen Paradigmenwechsel: „Schulpsychologie darf sich nicht länger selbst von der Hilfe für den einzelnen Schüler her definieren lassen" (Heyse 1989, S. 37). Nach dem neuen Paradigma sollte sich die Schulpsychologie verstärkt beteiligen an der

- inneren Schulentwicklung
- schulinternen Lehrerfortbildung
- Lehrer- und Schulleitersupervision
- Weiterentwicklung der kollegialen Kommunikation und Kooperation
- Veränderung der Konferenzkultur
- Entwicklung pädagogischer Konzepte.

Der Aufruf zum Paradigmenwechsel stieß in der schulpsychologischen Fachschaft zunächst nicht auf eine ungeteilte Akzeptanz. Er wurde in den Teams kontrovers diskutiert. Vor allem diejenigen, die sich in den 1970er und 1980er Jahren therapeutisch weiterqualifiziert hatten, sahen ihren Arbeitsschwerpunkt in der Einzelfallhilfe. Andererseits gab es nicht wenige Schulpsychologinnen und Schulpsychologen, die sich durch Helmut Heyses Forderung für den Paradigmenwechsel ermutigt fühlten.

In der zweiten Hälfte der 1980er Jahre geriet der personelle Wachstumsprozess der Schulpsychologie endgültig ins Stocken, mancherorts wurden sogar Stellen abgebaut. Die Gesamtzahl der schulpsychologischen Fachkräfte betrug Ende des Jahrzehnts 879 (Berg 2001, S. 110). Eine Hauptursache für die Stagnation war die damals beginnende Finanzkrise vieler öffentlicher Haushalte. Enttäuschung machte sich breit, da das 1973 anvisierte schulpsychologische Versorgungsziel nicht erreicht wurde. In manchen Bundesländern versuchte man, das schulpsychologische Versorgungsdefizit durch die

Erhöhung der Beratungslehrer-Stellen zu kompensieren. Deren Anzahl belief sich dann anfangs der 1990er Jahre auf 7647 (Möley 2007, S. 18). Aus Sicht der Sektion Schulpsychologie war dies keine Lösung des Versorgungsproblems. Anzumerken ist hierzu, dass die Schulpsychologischen Dienste bei der Qualifizierung und Weiterbetreuung der Beratungslehrer eine tragende Rolle übernehmen mussten, wofür meist keine zusätzlichen Ressourcen gewährt wurden.

4. Weiterentwicklung der Schulpsychologie

„Es bleibt uns nichts übrig als daran zu arbeiten, schulpsychologisches Handeln über individualtherapeutische Konzepte hinaus zu erweitern mit einem auf Systeme bezogenen Beratungsrepertoire."
HELMUT HEYSE

Die Wiedervereinigung, die im Jahr 1990 vollzogen wurde, hatte auch Konsequenzen für die deutsche Schulpsychologie. Denn seit 1973 waren in der damaligen Deutschen Demokratischen Republik Schulpsychologen als Mitglieder des Pädagogischen Kreiskabinetts tätig. „Die Pädagogischen Kreiskabinette (PKK) waren Einrichtungen der damals so bezeichneten Volksbildung. Dort entwickelten Referentinnen und Referenten für Weiterbildung gemeinsam mit Fachkommissionsleitern und Fachberatern das Fort- und Weiterbildungsprogramm der Lehrerinnen und Lehrer ihres Kreises" (Möley 1997, S. 41).

Allerdings trugen die „PKK-Psychologen", obwohl sie ihre Tätigkeit als schulpsychologisch verstanden, nicht die Bezeichnung „Schulpsychologe". Die „PKK-Psychologen" vermittelten psychologisches Wissen in der Lehrerfortbildung und berieten Lehrerinnen und Lehrer über die Förderung lernschwieriger und verhaltensauffälliger Kinder. „Etliche Psychologen waren an der Schaffung von Förderklassen (LRS) beteiligt" (Möley 2007, S. 21).

Die westdeutschen Schulpsychologen waren sehr darum bemüht, die ostdeutsche Schulpsychologie im Prozess des Zusammenwachsens zu unterstützen. Zunächst wurden von der Sektion Schulpsychologie am 22.9.1990 Empfehlungen zum Aufbau beziehungsweise zur Neuorganisation verfasst (Sektion Schulpsychologie im BDP 1990a):

I. Strukturelle Aspekte

1. *Schaffung von Schulpsychologischen Beratungszentren (anstelle von Ein-Personen-Beratungsstellen)*

Das bedeutet u. a.:
- *Abstand nehmen von dem Konzept einer flächendeckenden Versorgung durch Ein-Personen- Beratungsstellen*
- *Leitung der Beratungszentren durch diplomierte Schulpsychologen oder Diplom-Pädagogen (Psychologie) als bisherigen Stelleninhabern*
- *Mitarbeit auch von Schulpsychologen mit pädagogischer Ausbildung und Diplom-Psychologen mit anderen Abschlüssen, z. B. Betriebspsychologen, Klinische Psychologen,*

- *Mitarbeit auch von Verwaltungspersonal, Sekretärinnen (Entlastung von Verwaltungsarbeit wie datengestützte Archivierung von Beratungsunterlagen etc.)*
- *Entsprechende räumliche und materielle Ausstattung (z. B. mindestens ein eigenes Beratungszimmer für jeden Schulpsychologen)*

So kann eher gewährleistet werden:
- *kollegialer Dialog im Team (komplexe Entscheidungen sind von einem Berater allein oft nicht leistbar) sowie*
- *Schwerpunktbildung und dadurch*
- *fundierte Arbeit mit den jeweiligen Partnern/Ratsuchenden und ein*
- *gewichtigeres Auftreten der Schulpsychologie nach außen*

2. Durchsetzung der Unabhängigkeit von der Schulaufsicht

Das bedeutet u. a.:
- *Dienst- und Fachaufsicht über die Beratungszentren durch diplomierte Schulpsychologen auf der oberen Ebene der Schulbehörde (d. h. keine Unterstellung unter Schulräte)*
- *Schutz personbezogener Daten*
- *Schweigepflicht gegenüber Dritten, insbesondere Vorgesetzten, auch gegenüber der Behörde (Verschwiegenheit ist eine unabdingbare Voraussetzung für Vertrauen von Seiten der Ratsuchenden)*

So kann eher gewährleistet werden:
- *fachliche Selbständigkeit der Beratungszentren*
- *Wahrnehmung des Schulpsychologen (durch Ratsuchende) als unabhängigen Berater ohne Aufsichts- und Bewertungsaufgaben*
- *Neutralität in Beratungsprozessen*

II. Inhaltliche Aspekte

3. *Mitwirkung bei der Neugestaltung von Schule auf allen Ebenen*

Das bedeutet u. a.:
- *Einbringen psychologischer Kompetenz in Planungsgruppen*
- *Unterstützung von Schulleitern und Lehrern bei der Neuorientierung pädagogischer Arbeit*
- *Kooperation mit pädagogischen Einrichtungen wie Instituten zur Aus-, Fort- und Weiterbildung für Lehrer und Sozialpädagogen*
- *Mitwirkung bei der Lehrerausbildung und bei der (auch schulinternen) Fort- und Weiterbildung*

So kann der Schulpsychologe als ein Mitgestalter von Schule (im Gegensatz zum Problembeseitiger) in Erscheinung treten.

4. *Präzisierung spezifisch schulpsychologischer Aufgabenstellungen*

Das bedeutet u. a.:
- *Abgrenzung von den Aufgaben der Familien-/Erziehungsberatung und Suchtberatung*
- *Unterstützung der Schule (Lehrer, Schulleiter, Eltern, Schulaufsicht ...) bei der Wahrnehmung ihrer pädagogischen Aufgaben, z. B.:*
  - *Lehrerfortbildung zur Stärkung der erzieherischen und pädagogischen Kompetenz von Lehrern*
  - *Beratung in Fragen der Unterrichtsgestaltung*
  - *Institutionsbezogene Beratung (Beratung des Systems Schule)*
  - *Unterstützung bei der Zusammenarbeit innerhalb der Schulkollegien und nach außen*
- *Kooperation mit anderen Beratungsdiensten*

So kann der Schulpsychologe als Berater für alle an Schule Beteiligten, und nicht nur für Problem-Gruppen und Individuen erlebt werden.

5. *Veränderung des Selbstverständnisses von Schulpsychologen*

Das bedeutet u. a.:
- *Der Schulpsychologe als Berater/Prozeßhelfer bei der Entwicklung einer „guten Schule"*
- *weg von der individuumorientierten hin zur prozeß- und systemorientierten Betrachtungsweise von Problemen*

(der Schüler ist nicht „Patient", er ist Symptomträger einer Störung)
- *Vermittlung bei Konflikten unter systemischer Sichtweise (Schule, Familie, Freundeskreis als soziale Systeme mit eigener Orientierung)*

So kann gewährleistet werden:
- *die Entwicklung eines positiv formulierten Selbstverständnisses von Schulpsychologie*
- *die Entwicklung einer klaren, unverwechselbaren Identität Schulpsychologischer Beratung.*

Kurz nach der Wiedervereinigung verabschiedeten die Schulpsychologinnen und Schulpsychologen der alten und neuen Bundesländer unter Bezug auf die o. g. Empfehlungen eine gemeinsame Erklärung zur Zukunft der Schulpsychologie in den östlichen Bundesländern (Sektion Schulpsychologie im BDP 1990b):

Die im Vorstand des Berufsverbandes der Pädagogischen Psychologen vereinigten Vertreter der Schulpsychologen in den Ländern Thüringen, Sachsen, Sachsen-Anhalt, Brandenburg-Berlin, Mecklenburg-Vorpommern sprechen sich in Abstimmung mit dem Vorstand der Sektion Schulpsychologie des BDP dafür aus, die beiliegende Empfehlung vom 22.9.1990 zur Grundlage der Entwicklung Schulpsychologischer Dienste in den Bundesländern zu machen.

Wir weisen darauf hin, daß für die Förderung der päda-

gogischen Arbeit und die Gestaltung der Schule ein eigenständiger Schulpsychologischer Dienst unabdingbar ist.

Die im Abschnitt II der Empfehlungen formulierten Aufgaben lassen sich nicht durch Einrichtungen wie Familien- und Jugend-, Erziehungs- und Drogenberatungsstellen erfüllen.

Der spezifische Charakter Schulpsychologischer Beratung muß in den gesetzlichen Regelungen zur Gestaltung des Bildungswesens verankert werden.

Erforderlich ist, gleichzeitig die strukturellen Voraussetzungen (Organisationsformen, Dienst- und Fachaufsicht, Schweigepflicht etc., vgl. Abschnitt I der o. g. Empfehlung) und die Tätigkeitsmerkmale in entsprechenden Dienstvorschriften zu regeln. Dabei können die beigefügten Richtlinien für die Schulpsychologischen Dienste in den alten Bundesländern als Orientierungshilfe nützlich sein.

Insbesondere soll darauf geachtet werden, daß die bisher qualifizierten tätigen Schulpsychologen dem Schulpsychologischen Dienst möglichst in leitender Position erhalten bleiben. Künftig neu einzurichtende Stellen für Schulpsychologen sollen mit Diplom-Psychologen besetzt werden, die im Bereich pädagogische Psychologie spezialisiert sind.

Osnabrück, den 11.10.1990
Für den Berufsverband der Pädagogischen Psychologen
Für die Sektion Schulpsychologie im BDP

In Ostdeutschland erfolgte ein Aufbau in Kooperation mit den westdeutschen Bundesländern. Es wuchs auch hier zusammen, was zusammengehört. In allen neuen Bundesländern wurden Schulpsychologische Dienste eingerichtet. Sieben Jahre nach der Wiedervereinigung bilanzierte Sabine Möley (1997, S. 45): „Heute hat sich die Schulpsychologie in den neuen Bundesländern Platz geschaffen, der von den Lehrerinnen und Lehrern angenommen wird und im gesamten Bildungswesen mehr und mehr Akzeptanz gewinnt."

In den westlichen Bundesländern kam man Anfang der 1990er Jahre zum Schluss, dass die Ziele der in den 1960er Jahren initiierten Bildungsreform nicht im erwünschten Maße verwirklicht wurden. Diese Feststellung bezog sich auch auf die Reformziele im Bereich des schulischen Beratungswesens. Die Reformeuphorie war verflogen. Die Schulpsychologie hatte keine gute Konjunktur. Ihr mangelte es an bildungspolitischen Unterstützern, weil diese von Finanzpolitikern an der kurzen Leine gehalten wurden. Zum neuen Unterstützer der Schulpsychologie wurden die Medien. Sie thematisierten aktuelle Schüler- und Schulprobleme und wiesen auf die miserable schulpsychologische Versorgungssituation hin. Die Medien konstatierten einen rapiden Anstieg von Aggression und Gewalt in den Schulen. Bereits Ende der 1980er Jahre hatte sich der SPIEGEL mit dem Schülerverhalten befasst. Er bezeichnete die Schule in einer Problemanalyse als Tollhaus: „Bei den Schülern, da sind sich Lehrer, Eltern und Psychologen einig, sinkt die Fähigkeit zur Konzentration, steigt die Angriffslust, fehlen die Geduld und die Lernbereitschaft, erlahmt das Interesse am Unterricht. In Umfragen bestätigen Pädagogen bundesweit, dass Krawalle und Clownerien, Aggression und Apathie in den Klassenzimmern kräftig zunehmen" (SPIEGEL, Nr. 15, 1988, S. 28).

Der STERN stellte 1993 fest, dass die Schule zum „Albtraum für Schüler, Lehrer und Eltern" geworden sei (STERN Nr. 35, 1993, S. 25). Im Fachmagazin „Psychologie Heute" war im selben Jahr zu lesen, dass im Klassenzimmer aufgerüstet werde und Gewalt Schule mache (Spreiter 1993, 58 ff.) Der SPIEGEL kam 1995 zum Schluss: „Noch nie ist es so schwer gewesen, aus Kindern Erwachsene zu machen" (SPIEGEL, Nr. 9, 1995). Ergänzt wurden die Medienberichte durch pädagogisch-psychologische Analysen, deren Autoren konstatierten, dass die Schülergewalt sich in beängstigendem Maße ausbreite (Korte 1992).

Mitte der 1990er Jahre hatte sich die Zahl der Schulpsychologinnen und Schulpsychologen nochmals erhöht. Sie belief sich auf 1125. Die Erhöhung hing jedoch damit zusammen, dass die neuen Bundesländer in die Zählung einbezogen wurden. Die Schulpsychologe-Schüler-Relation von 1:15000 blieb weiterhin unbefriedigend. Der Ruf der Öffentlichkeit nach einer Verbesserung der Personalressourcen blieb unwirksam. Als sich 1997 die Gründung der deutschen Schulpsychologie zum 75. Mal jährte, merkte Christoph Hanckel in der zu diesem

Anlass herausgegebenen Festschrift „75 Jahre Schulpsychologie" kritisch an: „In einigen Bundesländern weht zur Zeit der Schulpsychologie ein heftiger Wind aus den leeren (Länder-)Kassen ins Gesicht" (Sektion Schulpsychologie im BDP 1997, S. 5).

Erfreulich war beim Blick auf die schulpsychologischen Tätigkeitsfelder die Feststellung, dass die Schulpsychologischen Dienste die Forderung nach einem Paradigmenwechsel ernst genommen hatten. Zu beobachten waren mehr Aktivitäten in Bereichen wie Lehrerfortbildung, Lehrersupervision, präventive Trainings und Mitarbeit bei der Schulentwicklung.

Ende der 1990er Jahre gerieten die Schulleistungen zum akuten Problemfall. Der Auftakt hierzu fand im Jahre 1997 statt, als die Ergebnisse von TIMSS (Third International Mathematics and Science Study) veröffentlicht wurden. Diese internationale Schulleistungsstudie wurde durchgeführt, um die mathematischen und naturwissenschaftlichen Leistungen von Schülern aus 45 Ländern miteinander zu vergleichen (Baumert et al. 1998). In beiden Leistungsbereichen schnitt Deutschland nur mittelmäßig ab. Die Folge war ein alarmierendes Presseecho.

Als Reaktion auf diese Qualitätskritik fasste die deutsche Kultusministerkonferenz 1997 den Beschluss, regelmäßige Vergleichsuntersuchungen zum Lern- und Leistungsstand der Schüler durchzuführen und an der internationalen Leistungsvergleichsstudie PISA

(Programme for International Student Assessment) teilzunehmen. In der ersten PISA-Studie im Jahr 2000 wurden 180 000 Fünfzehnjährige aus 32 Staaten untersucht. Darunter waren circa 5000 Schüler aus Deutschland. Ende des Jahres 2001 wurden die PISA-Ergebnisse veröffentlicht (Deutsches PISA-Konsortium 2001). In allen untersuchten Leistungsbereichen landeten die deutschen Schülerinnen und Schüler im unteren Drittel:

- Lesekompetenz: Rang 21 von 32
- Mathematische Grundbildung: Rang 20 von 32
- Naturwissenschaftliche Grundbildung: Rang 20 von 32.

Beim Lesen erzielten sie im schwachen Leistungsbereich negative Spitzenwerte. Zehn Prozent lagen in der untersten Stufe der Lesekompetenz. Sie waren kaum in der Lage, Texten einfache Informationen zu entnehmen. Diese Risikogruppe der schlechten Leser bestand überwiegend aus männlichen Haupt- und Sonderschülern. Bezüglich der Lesekompetenz waren in Deutschland die Geschlechtsunterschiede besonders deutlich. Jungen lasen gravierend schlechter als Mädchen. 60% der männlichen Jugendlichen gaben zu, buchabstinent zu sein. Fast jeder vierte Fünfzehnjährige befand sich im Rechnen nur auf Grundschulniveau. Rund ein Viertel kam bei den naturwissenschaftlichen Leistungen über die unterste Kompetenzstufe nicht hinaus. Die Differenz der Leistungsunterschiede zwischen dem Gymnasium und der Hauptschule war hier gravierend.

Die Ergebnisse dieser ersten PISA-Studie lösten den größten Schock aus, seit Georg Picht im Jahre 1964 von der deutschen Bildungskatastrophe gesprochen hatte. Jetzt wurde große Mühe darauf verwendet, die Ursachen des kollektiven Schulversagens zu analysieren und „Therapien" zu entwickeln. In der Hierarchie der Lösungsvorschläge rangierte die personelle Stärkung der Schulpsychologie weit oben. Man erwartete von ihr eine wichtige Rolle bei der Früherkennung von Lernstörungen und bei der Lernförderung sowie bei der Lehrerfortbildung im Bereich der Prävention. Gleichzeitig wurde auf die im Vergleich zum PISA-Sieger Finnland schlechte Personalausstattung der Schulpsychologie hingewiesen.

Der sorgenvolle Blick auf die deutschen Schulen erfuhr eine dramatische Verschärfung, als von 2002 bis 2009 mehrere unfassbare Schul-Amokläufe die Seele der Menschen erschütterten und Menschenleben zerstörten. Am 26. April 2002 tötete der 19-jährige ehemalige Schüler Robert S. am Gutenberg-Gymnasium in Erfurt zwölf Lehrpersonen, eine Sekretärin, zwei Schüler, einen Polizisten und sich selbst. Am 20. November 2006 überfiel der 18-jährige Bastian B. seine ehemalige Schule, die Geschwister-Scholl-Schule in Emsdetten, mit Gewehren und Sprengstoff. Er verletzte 37 Menschen und beging schließlich Selbstmord. Am 11. 3. 2009 schockierte ein Amoklauf erneut ganz Deutschland. In Winnenden kehrte der 17-jährige Berufsschüler Tim K. an seine ehemalige Schule, die Albert-Ville-Realschule, zurück und erschoss acht Schülerinnen, einen Schüler und drei Lehrerinnen. Auf der Flucht nahm er drei weiteren Menschen das Leben. Schließlich tötete er sich selbst. An diesen Ereignisorten leisteten schulpsychologische Krisenteams wirksame Erste Hilfe und Nachsorge. Am Aufbau des schulischen Krisenmanagements, das im Gefolge der schlimmen Gewalttaten entstand, war die Schulpsychologie intensiv beteiligt. Sie half mit bei der Erstellung von Notfallplänen, beim Aufbau von schulinternen Krisenteams und bei der Fortbildung von Lehrern und Schulleitungen. Die Krisenintervention wurde zu einer wichtigen schulpsychologischen Aufgabe (Drewes/Seifried 2012).

Im Kontext dieser gravierenden Krisenzeit wurde der Öffentlichkeit und der Politik bewusst, wie wichtig die schulpsychologische Hilfe bei der Krisenbewältigung und bei der Nachsorge ist. In mehreren Bundesländern wurde die Anzahl der Schulpsychologen-Stellen deutlich erhöht, in Baden-Württemberg um das Vierfache. Die Lockerung des haushaltspolitischen Defensivverhaltens machte sich in den Erhebungen zur schulpsychologischen Versorgung positiv bemerkbar. Die Sektion Schulpsychologie ermittelte für das Jahr 2010 eine Versorgungsquote von 1:12000 und für das Jahr 2012 von 1:9000 (Drewes 2016, S. 16).

Ein erfreuliches Novum war im Jahr 2012 die Gründung des ersten Kompetenzzentrums für Schulpsychologie als Außenstelle des baden-württembergischen Kultusministeriums an der Universität Tübingen. Fünf Jahre später wurde auch in Hessen ein Kompetenzzentrum für Schulpsychologie eingerichtet, und zwar an der Universität Frankfurt. Beide Institutionen sollen die Qualität der schulpsychologischen Arbeit sicherstellen und wirksam weiterentwickeln.

Ein weiteres Novum war die Einrichtung des Master-Studiengangs Schulpsychologie, der mit dem Wintersemester 2012/2013 an der Universität Tübingen startete (Gawrilow/Schwarz 2022). Er besteht aus fünf Studienbereichen:

Studienbereich I
- *Einführung in die Schulpsychologie*
- *Grundlagen der Empirischen Bildungsforschung und Pädagogischen Psychologie*
- *Klinische Grundlagen der Kinder- und Jugendpsychologie*
- *Wahlbereich: Aspekte der Schulforschung in Psychologie, Erziehungswissenschaft und Soziologie*

Studienbereich II
- *Fokus: Evaluation: Methoden der Empirischen Bildungsforschung und Pädagogischen Psychologie*
- *Fokus Diagnostik: (Leistungs-) Diagnostik*
- *Fokus Prävention & Intervention: Schnittstelle Forschung & Praxis*

Studienbereich III
- *Allgemeinpsychologische Vertiefung*
- *Anwendungsvertiefung Schulpsychologie*

Studienbereich IV
- *Anwendungsorientierte Vertiefung*

Studienbereich V
- *Masterarbeit*

Bis 2016 wurde im Vergleich zu 2012 erneut eine Verbesserung der schulpsychologischen Stellensituation registriert. „Über diesen Zeitraum hinweg wurden bundesweit 160 neue Vollzeitstellen eingerichtet. Gleichzeitig wurden aber auch 27 Stellen in einigen Bundesländern reduziert, sodass für die Bundesrepublik insgesamt ein Nettozuwachs von 133 Stellen zu verzeichnen ist" (Dunkel 2016, S. 4).

In der ersten Hälfte der 2010er Jahre wurde die Hochbegabten-Problematik wieder verstärkt thematisiert, und es wurde mehr professionelle Hilfe gefordert. Die wichtige Rolle der Schulpsychologie bei der Diagnostik und Beratung hochbegabter Schülerinnen und Schüler wurde dabei besonders betont. Um in diesem Arbeitsfeld die beraterische Professionalisierung und die Kooperation mit den Lehrerinnen und Lehrern zu fördern, wurde 2014 der bundesweite Arbeitskreis „Hochbegabung in der Schulpsychologie" gegründet.

2015/2016 gab es ein Ereignis, das auch Folgen für die Schulpsychologie hatte. Über eine Million Menschen suchten Schutz in Deutschland. In diesem Zeitraum mussten 325000 Kinder und Jugendliche in das Schulsystem aufgenommen werden. Seitdem stellt die

Flüchtlingskrise sowohl die Schule als auch die Schulpsychologie vor besondere Herausforderungen.

Trotz der immer noch knappen Ressourcen hatten sich seit Beginn der 1990er Jahre das Berufsprofil und das Tätigkeitsspektrum der Schulpsychologie entsprechend dem komplexer werdenden Erscheinungsbild von Schüler- und Schulproblemen deutlich erweitert. Es besteht aus zahlreichen Arbeitsfeldern, in denen spezielle berufliche Kompetenzen erforderlich sind. Das Berufsprofil der Sektion Schulpsychologie systematisiert das praktische Handeln der Schulpsychologinnen und Schulpsychologen (Sektion Schulpsychologie im BDP 2018):

Schulpsychologie unterstützt und berät
- *Eltern, Schülerinnen und Schüler, Lehrkräfte, pädagogisches Personal, Schulleitungen und Schulaufsicht*
- *Kollegien und Schulklassen*
- *Schule als soziale Organisation und als Institution in ihrem Bildungs- und Erziehungsauftrag*
- *Gremien und Qualitätszirkel*

Schulpsychologie unterstützt im Rahmen der Einzelfallberatung bei Lern-, Entwicklungs- und Verhaltensproblemen von Schülerinnen und Schülern, insbesondere bei
- *der Förderung individueller Begabungen*
- *der Beratung und Förderdiagnostik im Rahmen der inklusiven Schule*
- *der Entwicklung von Förderplänen und Fördermaßnahmen*

- *der Stärkung der Selbstwirksamkeit, der Sozialkompetenz von Schülerinnen und Schülern sowie der Methodenkompetenz von Lehrenden*
- *der Weiterentwicklung der beruflichen Kompetenzen und der Persönlichkeit der Lehrkräfte*

Schulpsychologie unterstützt Schulen im Rahmen der Systemberatung bei
- *der Schul- und Qualitätsentwicklung*
- *der Entwicklung zur inklusiven Schule*
- *der Entwicklung und Durchführung von Maßnahmen zum sozialen Miteinander in Schulklassen*
- *der Gewaltprävention, der Fort- und Ausbildung schulinterner Krisenteams und der Bewältigung von Krisen im Schulalltag*
- *Maßnahmen zum Erhalt der Gesundheit von Lehrkräften sowie Schülerinnen und Schülern*
- *bei der Intervention, Moderation und Mediation bei Konflikten*
- *der Einrichtung von Angeboten zur Einzel- und Teamberatung von Lehrkräften, Supervision und Coaching*
- *der Entwicklung und Durchführung von Fortbildungen*
- *der Arbeit von Qualitätszirkeln und Gremien auf allen Ebenen.*

Am Beginn der 2020er Jahre brach die Corona-Pandemie auch über Deutschland herein. Bund und Länder einigten sich am 22. März 2020 auf sehr strenge Ausgangs- und Kontaktbeschränkungen. Ganz stark betroffen waren die Schülerinnen und Schüler, deren Familien sowie die

Lehrerschaft. Schulschließungen und Quarantänemaßnahmen erzeugten viele Folgeprobleme. Die Schulpsychologie als Fachdienst im Schulsystem versuchte ihre Beratungs- und Unterstützungsleistungen aufrechtzuerhalten, was eine bisher nie dagewesene Herausforderung war. Mit Online-Beratungen, Online-Veranstaltungen, hybriden Veranstaltungen, Video-Konferenzen und Homeoffice-Phasen engagierte sie sich für ihre Klientel. Dennoch führten die Beeinträchtigungen zwischen 2020 und 2022 zu einem enormen Bildungsdefizit und weiteren schulspezifischen Belastungsfolgen. Letztere äußerten sich in einem gestiegenen Bedarf an Einzelfall- und Systemberatung. In manchen Bundesländern versuchte man diesem Erfordernis durch die Einstellung zusätzlichen schulpsychologischen Personals gerecht zu werden, wobei es sich um zeitlich befristete Stellen handelte.

Paul Watzlawicks Erkenntnis, dass im Schlechten auch etwas Gutes steckt, traf auch auf die „coronarisch" belastete Schulpsychologie zu. Im Nachhinein stellte man fest, dass die schulpsychologische Arbeit sich krisenbedingt weiterentwickelt hatte.

„Anfangs wurde die notwendige Einarbeitung in vielfältig neue Programme und die Gewöhnung an Online-Formate als herausfordernd erlebt. Mittlerweile wird der Kenntnis- und Kompetenzzuwachs überwiegend positiv bewertet, zumal mit den digitalen Formaten und Werkzeugen eine Flexibilisierung der Arbeitsmöglichkeiten einhergeht" (Schulte-Pelkum/Aufhammer 2022, S. 18).

Zu derselben Schlussfolgerung gelangte man auch in der US-amerikanischen Schulpsychologie. Unruh et al. (2024, S. 317) stellten im Rückblick auf die pandemische Zeitphase fest:

„The Covid-19 pandemie has ultimately led to a need to better understand how technology can and should be used to support academic instruction as well as the work of school psychologists."

Im zweiten Pandemie-Jahr gab es eine Premiere, was den Bundeskongress für Schulpsychologie betraf (www.bdp-schulpsychologie.de/aktuell/2021/210930_buko.php, abgerufen am 3.3.2023). Er fand online statt, weil Corona eine Präsenzveranstaltung unmöglich machte. „Neben klassischen Handlungsfeldern der Diagnostik und Beratung in Bezug auf Lernstörungen und Begabung, ging es im Kongress um spezifische Angebote für

- Lehrkräfte und Schulleitungen zu Themen wie Lehrkräftegesundheit, Resilienz, Arbeit mit Eltern, Umgang mit psychischen Störungen und komplexem Hilfebedarf bei Schüler*innen, Classroom Management
- Schülerinnen und Schüler zu Themen wie psychische Gesundheit, Lerncoaching, Trainings, Selbstregulation, Psychoedukation, Gender Diversity, Schulabsentismus
- die Schule als System zu Themen wie Teamentwicklung, dem Umgang mit Inklusion, Heterogenität, Interkulturalität, Gewaltprävention und Mobbing sowie

schulpsychologische Krisenintervention bis zu den höchst aktuellen Themen Klima und Schule, digitale Transformation und Psychologie als Unterrichtsfach."

Das virtuelle Experiment wurde erstaunlich gut bewältigt. An fünf Tagen gab es 100 Workshops und Vorträge sowie zwei Symposien. Mehr als 300 Personen nahmen am Event teil und über 100 waren als Referierende tätig.

Der Pandemie zum Trotz feierte die Schulpsychologie am 14. Oktober 2022 in Mannheim ihr 100. Jubiläum. Andrea Spies, die Vorsitzende der Sektion Schulpsychologie, eröffnete den Festakt im Marchivum mit den Worten: „Krise ist, wenn man trotzdem feiert." Zahlreiche Gäste erlebten direkt und online ein interessantes Festprogramm. Die Ursprünge, die Entwicklung und die aktuelle Situation der deutschen Schulpsychologie wurden informativ und kurzweilig dargestellt. Ergänzt wurde die Veranstaltung durch eine Ausstellung zur Arbeit der Schulpsychologie.

Zeitgleich mit dem Jubiläum wurden die neuen schulpsychologischen Versorgungsdaten bekanntgegeben (Sektion Schulpsychologie 2022, S. 21 f.). Laut der Erhebung stieg von 2011 bis 2022 die Anzahl der Vollzeitstellen von 1232 auf 2002. Im Durchschnitt betreute zum Erhebungszeitpunkt eine schulpsychologische Fachkraft 5439 Schülerinnen und Schüler.

Als gravierend erwiesen sich im nationalen Vergleich

weiterhin die Versorgungsunterschiede zwischen den Bundesländern. „Während 2022 in Hamburg, Berlin, Mecklenburg-Vorpommern oder Bayern eine Schulpsychologin bzw. ein Schulpsychologe für durchschnittlich 3.300 bis 3.700 Schülerinnen und Schüler zuständig ist, sind es in Brandenburg 9.822, in Niedersachsen 9.328 und in Sachsen-Anhalt 9.137 Schülerinnen und Schüler. Erfreuliche Zuwachsraten seit 2020 gab es in Mecklenburg-Vorpommern mit 144 Prozent, in Thüringen mit 46 Prozent, in Hamburg mit 43 Prozent, in Niedersachsen mit 42 Prozent, in Berlin mit 37 Prozent, in Schleswig-Holstein mit 30 Prozent und im Saarland mit 18 Prozent der Stellen" (Sektion Schulpsychologie im BDP 2022, S. 21).

Inzwischen hat sich die schulpsychologische Versorgungssituation verbessert, ist aber weiterhin nicht auf dem Niveau sozioökonomisch vergleichbarer Länder angelangt. Das 1973 von der Kultusministerkonferenz gesetzte Versorgungsziel 1: 5000 als Mindeststandard ist allerdings immer noch nicht ganz erreicht, obwohl aus zahlreichen Einzelstudien und Metaanalysen geht hervor, dass schulpsychologische Arbeit in signifikantem Maße Schulprobleme verhindern und bewältigen hilft (Reddy et al. 2009, Dollase 2010, Smith et al. 2021). Erchul/Fischer (2024, S. 214) ziehen aus den Analysen zur Wirksamkeit der Schulpsychologie ein recht positives und ermutigendes Fazit:

„Taken together, our conclusion is that outcome research on consultation as conducted by school psychologists over many decades has documented its overall effectiveness."

Die deutsche Schulpsychologie ist zu einem unverzichtbaren Beratungs- und Unterstützungssystem der Schule geworden. Wie aus den Tätigkeitsberichten der Schulpsychologischen Dienste zu ersehen ist, wird die schulpsychologische Beratung stark nachgefragt. Dadurch trägt sie auch zum Erhalt und zur Weiterentwicklung der Schulqualität bei. Ein gutes Schulwesen sichert die Existenz moderner Gesellschaften!

Jene OECD-Länder, die bei PISA und anderen internationalen Schulleistungsvergleichen besonders gut abgeschnitten haben, haben dies längst erkannt und eine wirksame schulpsychologische Versorgung aufgebaut. Ihr Versorgungsstandard beträgt 1:1000.

Da aufgrund epidemiologischer Analysedaten davon auszugehen ist, dass circa ein Fünftel der Schülerinnen und Schüler psychische Auffälligkeiten zeigen, gibt es einen dringenden Präventions- und Beratungsbedarf (Merrell et al. 2012, Klipker et al. 2018, Hartmann et al. 2023). Im gleichen Maße notwendig ist der Bedarf an schulsystemischer Hilfe und Unterstützung (Supervision, Coaching, Krisenintervention, Fortbildung). Wird man den beiden Bedarfen mit Hilfe einer nachgewiesenermaßen wirksamen Schulpsychologie gerecht, werden immense monetäre und nichtmonetäre Kosten eingespart, die im Gefolge von individuellen und systemischen Störungen entstehen. Jede vermiedene Klassenwiederholung bedeutet eine Kostenersparnis von 7100 Euro (Spieß et al. 2019, S. 212) und jeder Euro, der z. B. in schulbezogene gewaltpräventive Maßnahmen investiert wird, erzeugt einen Spareffekt von mindestens 8-14 Euro (Hillenbrand 2009). Dadurch können die Ausgaben für schulpsychologische Beratung leicht wieder eingespielt werden.

Dass es in der deutschen Schulpsychologie trotz schwieriger Arbeitsbedingungen und politisch verursachter Wachstumsprobleme deutliche Fortschritte gegeben hat, ist sicherlich auch einer engagierten Interessenvertretung zu verdanken. Die Sektion Schulpsychologie des Berufsverbandes Deutscher Psychologinnen und Psychologen setzt sich seit Jahrzehnten in Kooperation mit den Landesverbänden und darüber hinaus im lernenden Austausch mit der Internationalen Schulpsychologen-Vereinigung (ISPA) für die Stärkung unseres Fachdienstes intensiv ein.

5. Schluss

"Die Zukunft soll man nicht voraussehen wollen, sondern möglich machen."
ANTOINE DE SAINT-EXUPÉRY

Verglichen mit dem Alter der Institution Schule, die vor 5000 Jahren entstand, ist die Schulpsychologie sehr jung. Nach einer langen Vorzeit, in der es keine professionelle Schulberatung gab, begann sie sich vor etwas mehr als 100 Jahren zu entwickeln.

Der Start der deutschen Schulpsychologie, der in den 1920er Jahren im Mannheimer Schulsystem stattfand, gelang gut und machte Hoffnung auf einen breiten institutionellen Transfer. Die NS-Diktatur zerstörte jedoch alle Hoffnung auf eine humane, professionelle Schulberatung. In der Nachkriegszeit gestaltete sich der zweite Aufbauversuch schwierig. Erst durch die Bildungsreform der 1960er und 1970er Jahre nahm das Aufbautempo zu. Allerdings variierte es stark zwischen den Bundesländern, verursacht durch eine föderal bedingte Unterschiedlichkeit der Strukturen, Ressourcen und Präferenzen. Ende der 1980er und in den 1990er Jahren stagnierte es erneut. Es nahm wieder Fahrt auf, als krisenhafte Ereignisse und Probleme im ersten Jahrzehnt des 21. Jahrhunderts die Haltung der politischen Entscheidungsträger veränderten. Es wurde nicht nur in das Schulwesen, sondern auch in dessen Unterstützungssysteme mehr investiert.

Die deutsche Schulpsychologie weist ein hohes Maß an Kompetenzkapital und Arbeitsmotivation auf. Sie kann sich von den zunehmend anspruchsvollen Aufgaben, die ihr in der Zukunft gestellt werden, positiv herausgefordert fühlen. Sie ist eine lernende Professionsgemeinschaft. Das bedeutet, dass sie ihre Beratungs- und Unterstützungsleistungen an den rasanten Wandel in der Informations- und Migrationsgesellschaft immer wieder anpasst. Und ebenso wichtig ist, dass sie die Qualitätssicherung nicht aus den Augen verliert. Häufiger als bisher muss die Ergebnisqualität beziehungsweise die Effektivität schulpsychologischer Arbeit empirisch untersucht werden.

6. Anhang

Zeitleiste: Geschichte der deutschen Schulpsychologie

1906 Der Psychiater Walter Fürstenheim eröffnet 1906 in Berlin eine mediko-pädagogische Poliklinik. Sie war ein Vorläufer der Schulpsychologie.

1910 William Stern kreiert den Begriff „Schulpsychologie".

1911 William Stern fordert auf dem deutschen Jugendkongress in Dresden die Einstellung von Schulpsychologen.

1922 Hans Lämmermann wird als erster deutscher Schulpsychologe von der Stadt Mannheim im Rahmen des Mannheimer Schulsystems eingestellt.

1933 Nach der Machtergreifung der Nationalsozialisten und der Errichtung der NS-Diktatur wird die Mannheimer schulpsychologische Beratungsstelle geschlossen.

1948 Im Nachkriegsdeutschland ist der erste schulpsychologische Dienst die Hamburger Schülerhilfe und der erste Schulpsychologe Hans Kirchhoff.

1950+ In mehreren deutschen Großstädten werden

schulpsychologische Dienste eingerichtet: Stuttgart (1950), Heidelberg (1950), München (1952), Fürth (1952), Mannheim (1953), Berlin (1957), Hannover (1957), Köln (1958), Düsseldorf (1959).

1955 Die deutschen Schulpsychologen schließen sich in der Sektion Schulpsychologie des Berufsverbandes Deutscher Schulpsychologen zusammen.

1959 In Hamburg wird die erste Arbeitstagung der deutschen Schulpsychologen veranstaltet.

1965 Die Anzahl der in der Bundesrepublik Deutschland tätigen Schulpsychologinnen und Schulpsychologen beträgt 106. Die durchschnittliche Schulpsychologe-Schüler-Relation beträgt 1:81500.

1966+ Im Kontext der Bildungsreformen wird der Ausbau des schulpsychologischen Beratungswesens verstärkt.

1973 Die Kultusministerkonferenz KMK und Bund-Länder-Kommission für Bildungsplanung und Forschungsförderung BLK verabschieden Empfehlungen zur „Beratung im Bildungswesen". Es wird eine schulpsychologische Versorgungsquote von einer schulpsychologischen Fachkraft für 5000 Schülerinnen und Schüler empfohlen, die bis Ende der achtziger Jahre realisiert werden soll.

1975 Die Anzahl der in der Bundesrepublik Deutschland tätigen Schulpsychologinnen und Schulpsychologen beträgt 425. Die durchschnittliche Schulpsychologe-Schüler-Relation beträgt 1:25000.

1980+	Der Ausbau des schulpsychologischen Beratungswesens stagniert. Die Politik begründet dies mit der defizitären Situation der öffentlichen Haushalte.
1989	Die Gesamtzahl der schulpsychologischen Fachkräfte in der Bundesrepublik Deutschland beträgt 879. Die durchschnittliche Schulpsychologe-Schüler-Relation beträgt 1: 8200.
1989	Helmut Heyse fordert die deutsche Schulpsychologie zum Paradigmenwechsel beziehungsweise zur Erweiterung der Einzelfallarbeit durch Systemberatung.
1990	Nach der Wiedervereinigung beginnt der Aufbau beziehungsweise die Neuorganisation der Schulpsychologie in den neuen Bundesländern.
2000+	Aufgrund der Zunahme von Schulschwierigkeiten, schulischen Gewaltereignissen und Integrationsproblemen wird wieder mehr in schulpsychologische Ressourcen investiert. Der Ausbau des schulpsychologischen Beratungswesens wird fortgesetzt.
2020	Die Anzahl der in der Bundesrepublik Deutschland tätigen Schulpsychologinnen und Schulpsychologen beträgt 2000 (= 1700 Stellen). Dies entspricht einer Versorgungsquote von 1: 6300.
2020 +	Die Corona-Pandemie erzeugt eine gravierende Schulkrise. Die Belastungen von Schülerinnen und Schülern, Eltern und Lehrkräften fordern die Schulpsychologie enorm heraus.
2022	Die Anzahl der in der Bundesrepublik Deutsch-

land tätigen Schulpsychologinnen und Schulpsychologen beträgt 2400. Dies entspricht einer Versorgungsquote von 1: 5400.

2022 Die deutsche Schulpsychologie feiert in Mannheim ihr 100jähriges Jubiläum. Der Festakt findet im Marchivum statt.

Zeitleiste: Geschichte der internationalen Schulpsychologie

1896 Lightner Witmer gründet die Psychological Clinic in Philadelphia an der University von Pennsylvania, eine Vorläufer-Institution der US-amerikanischen Schulpsychologie.

1910 William Stern kreiert den Begriff „Schulpsychologie"

1911 William Stern fordert auf dem ersten deutschen Jugendkongress in Dresden die Einstellung von Schulpsychologen.

1913 Cyril Burt beginnt als erster Schulpsychologe weltweit seinen Dienst beim London County Council.

1915 Arnold Gesell beginnt als erster US-amerikanischer Schulpsychologe seinen Dienst beim Connecticut State Board of Education.

1922 Hans Lämmermann wird als erster deutscher Schulpsychologe von der Stadt Mannheim im Rahmen des Mannheimer Schulsystems eingestellt.

1945	In den USA wird innerhalb der American Psychological Association (Division 16) die erste nationale Schulpsychologen-Organisation gegründet.
1948	Die UNESCO veranstaltet zum ersten Mal eine Konferenz zum Thema „Schulpsychologie", an der 49 Länder teilnehmen.
1954	Die UNESCO konferiert in Hamburg mit 19 europäischen Schulpsychologie-Experten. Sie fordert einen Mindeststandard für die schulpsychologische Versorgung von1 schulpsychologischer Fachkraft für 6000 Schüler.
1965+	Im Kontext der weltweit stattfindenden Bildungsreformen werden immer mehr schulpsychologische Dienste eingerichtet.
1972	Mit dem Journal of School erscheint die erste Fachzeitschrift für Schulpsychologie.
1975	Die Anzahl der weltweit tätigen Schulpsychologinnen und Schulpsychologen beträgt 40000.
1980+	Im Verlauf der 1980er Jahre gerät der Auf- und Ausbau der schulpsychologischen Dienste ins Stocken. Primäre Ursache ist die defizitäre Situation der öffentlichen Haushalte.
1982	Die International School Psychology Association (ISPA) mit Anders Poulsen als ihr erster Präsident wird in Stockholm gegründet.
2000+	Aufgrund der Zunahme von Schulschwierigkeiten und schulischen Gewaltereignissen wird wieder mehr in schulpsychologische Ressourcen investiert.

2007   Die Anzahl der weltweit tätigen Schulpsychologinnen und Schulpsychologen beträgt 76100.

2010   Die WHO fordert einen Mindeststandard für die schulpsychologische Versorgung von 1 schulpsychologischer Fachkraft für 2500 Schüler.

2010   Die UNESCO fordert einen Mindeststandard für die schulpsychologische Versorgung von 1 schulpsychologischer Fachkraft für 1000 Schüler.

2024   Die Anzahl der weltweit tätigen Schulpsychologinnen und Schulpsychologen beträgt 100000.

Bundeskonferenzen / Bundeskongresse für Schulpsychologie

1. Bundeskonferenz für Schulpsychologie und Bildungsberatung, Westerland/Sylt, September 1974

2. Bundeskonferenz für Schulpsychologie und Bildungsberatung, Freiburg im Breisgau, Oktober 1975

3. Bundeskonferenz für Schulpsychologie und Bildungsberatung, Bremen, Oktober 1977

4. Bundeskonferenz für Schulpsychologie und Bildungsberatung, Hamburg, Oktober 1979

5. Bundeskonferenz für Schulpsychologie und Bildungsberatung, Würzburg, Oktober 1981

6. Bundeskonferenz für Schulpsychologie und Bildungsberatung, Travemünde, Oktober 1983

7. Bundeskonferenz für Schulpsychologie und Bildungsberatung, Motto: Erziehung in der Schule – Eine Herausforderung für die Schulpsychologie, Trier, Oktober 1985

8. Bundeskonferenz für Schulpsychologie und Bildungsberatung, Motto: Alte Schule – Neue Medien, Soest, Oktober 1987

9. Bundeskonferenz für Schulpsychologie und Bildungsberatung, Motto: Schule im Spannungsfeld von Beratung, Osnabrück, Oktober 1990

10. Bundeskonferenz für Schulpsychologie, Motto: Psychologie macht Schule, Heidelberg, September 1992

11. Bundeskonferenz für Schulpsychologie, Motto: Psychologie – Ein Beitrag zur Schulkultur, Rostock, September 1994

12. Bundeskonferenz für Schulpsychologie, Motto: Schule – Entwicklung – Psychologie – Schulentwicklungspsychologie, Münster, Oktober 1996

13. Bundeskonferenz für Schulpsychologie, Motto: Lebensraum – Lebenstraum – Lebenstrauma Schule, Halle an der Saale, Oktober 1998

14. Bundeskonferenz für Schulpsychologie, Motto: Schule zwischen Realität und Vision, Berlin, Oktober 2000

15. Bundeskonferenz für Schulpsychologie, Motto: Familie – Brücke Schulpsychologie – Schule, Mainz, September 2002

16. Bundeskonferenz für Schulpsychologie, Motto: Vom Nürnberger Trichter zum Laptop, Nürnberg, September 2004

17. Bundeskonferenz für Schulpsychologie, Motto: Leistung – Lust und Last, Köln, September 2006

18. Bundeskonferenz für Schulpsychologie, Motto: Gute Schule – Gesunde Schule, Stuttgart, September 2008

19. Bundeskonferenz für Schulpsychologie, Motto: handy & computer@schule.de, Hameln, September 2010

20. Bundeskonferenz für Schulpsychologie, Motto: Vielfalt nutzen – Lernen gestalten – Schule entwickeln, Münster, September 2012

21. Bundeskonferenz für Schulpsychologie, Motto: Neue Schulwelten – Herausforderung für die Schulpsychologie, Landshut, November 2014

22. Bundeskonferenz für Schulpsychologie, Motto: Psychologie für die Schule, Berlin, September 2016

23. Bundeskonferenz für Schulpsychologie, Motto: Heterogenität verbindet, Frankfurt am Main, September 2018

24. Bundeskongress für Schulpsychologie, Motto: 100 Jahre Schulpsychologie, Onlinekongress, September 2021

Schulpsychologische Internetadressen

Schulpsychologie in Deutschland

Sektion Schulpsychologie im Berufsverband deutscher Psychologinnen und Psychologen (BDP)
www.bdp-schulpsychologie.de

Historische Dokumente der deutschen Schulpsychologie von 1959 bis 2008 – Helmut Heyse Archiv
https://schulpsychologie.de/schulpsych/historische-dokumente/heyse-archiv

Landesverbände für Schulpsychologie in Deutschland

Landesverband Schulpsychologie Baden-Württemberg
www.schulpsychologie-bw.de

Landesverband Bayerischer Schulpsychologinnen und Schulpsychologen e. V.
www.lbsp.de

Landesverband Schulpsychologie Berlin
www.schulpsychologie-berlin.de

Berufsverband der Brandenburgischen Schulpsychologen e. V.
www.schulpsychologie-brandenburg.de

Berufsverband Hessischer Schulpsychologinnen und Schulpsychologen.
www.bhs-hessen.de

Landesverband Schulpsychologie Mecklenburg-Vorpommern e.V.
landesverband-schulpsychologie-mv@gmx.de

Verband Niedersächsischer Schulpsychologen e.V.
www.schulpsychologie-niedersachsen.de

Landesverband Schulpsychologie NRW
www.schulpsychologie-nrw.de

Vereinigung der Schulpsychologen im Lande Rheinland-Pfalz
www.schulpsychologie.bildung-rp.de

Berufsverband der Schulpsychologen Sachsens e.V.
www.schulpsychologie-sachsen.de

Verband der Schulpsychologen Sachsen-Anhalt e.V.
www.schulpsychologie-sachsen-anhalt.de

Verband Schleswig-Holsteinischer Schulpsychologen (VSHS)
www.schulpsychologen-verband-sh.lernnetz.de

Schulpsychologie in Österreich
www.schulpsychologie.at

Schulpsychologie in der Schweiz
www.schulpsychologie.ch

Schulpsychologie in den USA

American Psychological Association – Division 16: School Psychology
www.apa.org/about/division/div16.html

National Association of School Psychologists (NASP)
www.nasponline.org

Internationale Schulpsychologie

International School Psychology Association (ISPA)
ispaweb.org

7. Literatur

Alt, R.: Kinderausbeutung und Fabrikschulen in der Frühzeit des industriellen Kapitalismus. Leipzig 1958.

Alt, R.: Bilderatlas zur Schul- und Erziehungsgeschichte. Band 1. Berlin 1960.

Alt, R.: Bilderatlas zur Schul- und Erziehungsgeschichte. Band 2. Berlin 1965.

Arnhold, W.: Texte zur Schulpsychologie und Bildungsberatung. Braunschweig 1975.

Aurin, K./Stark, G./Stobberg, E.: Beratung im Schulbereich. Aufgabenfelder, Strukturprobleme, Entwicklungstendenzen und Empfehlungen. Weinheim und Basel 1977.

Aurin, K.: Beratung als pädagogische Aufgabe im Spannungsfeld zwischen pädagogischer und psychologischer Theorie und Praxis. In: Trolldenier, H. P./Meißner, B. (Hrsg.): Texte zur Schulpsychologie und Bildungsberatung. Band 4. Kongreßbericht der 5. Bundeskonferenz für Schulpsychologie und Bildungsberatung. Braunschweig 1983.

Bach, W.: Schulpsychologischer Dienst in Hessen. In: Ders. (Hrsg.): Der Auftrag der Schulpsychologie für die Schule von morgen. Weinheim und Basel 1972.

Bärsch, W.: Von der Schülerkontrolle zur Schülerhilfe. In: Sektion Schulpsychologie (Hrsg.): 75 Jahre Schulpsychologie in Deutschland. Bonn 1997.

Baumert, J./Boos,W./Watermann, R.: TIMSS/III. Schülerleistungen in Mathematik und den Naturwissenschaften am Ende der Sekundarstufe II im internationalen Vergleich. Zusammenfassung deskriptiver Ergebnisse. Max-Planck-Institut für Bildungsforschung. Berlin 1998.

Berg, D.: Das Studium der „Psychologie mit schulpsychologischem Schwerpunkt". In: Trolldenier, H.P./ Meißner, B. (Hrsg.): Texte zur Schulpsychologie und Bildungsberatung. Band 4. Kongreßbericht der 5. Bundeskonferenz für Schulpsychologie und Bildungsberatung veranstaltet von der Sektion Schulpsychologie des Berufsverbandes Deutscher Psychologen. Würzburg 1981. Braunschweig 1983.

Berg, D.: Bericht über eine Umfrage zur Tätigkeit und Ausbildung von Schulpsychologen. In: Greuer-Werner, M./Hellfritsch, L./Heyse, H. (Hrsg.): Berichte aus Schulpsychologie und Bildungsberatung. Kongreßbericht der 6. Bundeskonferenz für Schulpsychologie und Bildungsberatung. Bonn 1985.

Berg, D.: Inhalte und Methoden schulpsychologischer Systemberatung. In: Heyse, H. (Hrsg.): Erziehung in der Schule – Eine Herausforderung für die Schulpsychologie. Bericht über die 7. Bundeskonferenz für Schulpsychologie und Bildungsberatung. Trier 1985. Bonn 1986.

Berg, D.: Schulpsychologie. In: Lexikon der Psychologie. Vierter Band. Heidelberg und Berlin 2001.

Brunner, H.: Altägyptische Erziehung. Wiesbaden 1991 (2. Aufl.).

Brunner-Traut, E.: Die alten Ägypter. Stuttgart 1974.

Dahrendorf, R.: Bildung ist Bürgerrecht. Hamburg 1965.

Der Landschullehrer. Band 1 bis 3. Ulm 1798-1800.

Deutscher Bundestag: Bildungsgesamtplan. Drucksache 7/1474. Beratung im Bildungswesen. Bonn 1973.

Deutscher Bundestag: Bericht über die Lage der Psychiatrie in der Bundesrepublik Deutschland. Zur psychiatrischen Versorgung der Bevölkerung. Drucksache 7/4200. Bonn 1975.

Deutsches PISA-Konsortium (Hrsg.): PISA 2000. Basiskompetenzen von Schülerinnen und Schülern im internationalen Vergleich. Opladen 2001.

Dollase, R.: Situation der Schulpsychologie in Deutschland und Niedersachsen im internationalen Vergleich. Gutachten im Auftrag der Max-Träger-Stiftung. Bielefeld 2010.

Drewes, S./Seifried, K.: Krisen im Schulalltag. Stuttgart 2012.

Drewes, S.: Geschichte der Schulpsychologie in Deutschland. In: Seifried, K./Drewes, S./Hasselhorn, M. (Hrsg.): Handbuch Schulpsychologie. Psychologie für die Schule. Stuttgart 2016 (2. Aufl.).

Dunkel, L.: Schulpsychologische Versorgung in Deutschland. Praxis Schulpsychologie, Ausgabe 7. Oktober 2016, S. 4-6.

Durant, W./Durant, A.: Kulturgeschichte der Menschheit. Band 1 bis 18. Köln 1985.

Eder, A./Betz, S. H./Grandy, S./Morgeditsch, W./Remesch, A./Troger, T.: Die Schulpsychologie-Bildungsberatung. Die Wahrnehmung einer Einrichtung aus der Sicht von Schulaufsicht, LehrerInnen, SchülerInnen und Eltern. Perspektiven und Potenziale. Endbericht zur externen Evaluation der Schulpsychologie-Bildungsberatung an das Bundesministerium für Unterricht, Kunst und Kultur. Wien 2010.

Ehly, S. W./Northup, J. A.: School Psychologist. In: Lee,

S. W. (Ed): Encyclopedia of School Psychology. Thousand Oaks, London 2005.

Eisele, P.: Babylon. Pforte der Götter und große Hure. München 1980.

Erchul, W. R./Fischer, A. J.: Consultation. In: Grapin, S. L./Kranzler, J. H. (Eds.): School Psychology. Professional Issues and Practices. New York 2024 (2nd ed.).

Erman, A.: Ägypten und ägyptisches Leben im Altertum. Tübingen 1923.

Fleischer, T./Grewe, N./Jötten, B./Seifried, K./Sieland, B. (Hrsg.): Handbuch Schulpsychologie. Psychologie für die Schule. Stuttgart 2007.

Gawrilow, C./Schwarz, U.: Master in Schulpsychologie. Report Psychologie, 47, 09, 2022, S. 11.

Gesner, M.: Die Glückseligkeit eines Schulmannes. In: Taschenbuch für teutsche Schulmeister auf das Jahr 1794, S. 229-356.

Grapin, S. L./Kranzler, J. H. (Eds.): School Psychology. Professional Issues and Practices. New York 2024 (2nd ed.).

Greuer-Werner, M./Hellfritsch, L./Heyse, H. (Hrsg.): Berichte aus Schulpsychologie und Bildungsberatung.

Kongreßbericht der 6. Bundeskonferenz für Schulpsychologie und Bildungsberatung. Travemünde 1983. Bonn 1985.

Gstach, J./Datler, W.: Zur Geschichte und Konzeption der individualpsychologischen Erziehungsberatung in Wien in der Zwischenkriegszeit. Zeitschrift für Individualpsychologie, 26, 2001, S. 200-201.

Hartmann, D./Brandenburg, J./Visser, L./Mähler, C./Hasselhorn, M./Schwenck, C.: Psychische Auffälligkeiten als schulrelevante Belastungen. Eine Einführung. In: Schwenck, C./Mähler, C./Hasselhorn, M. (Hrsg.): Diagnostik und schulische Interventionsmaßnahmen bei psychischen Auffälligkeiten. Göttingen 2023.

Heyse, H. (Hrsg.): Erziehung in der Schule – Eine Herausforderung für die Schulpsychologie. Bericht über die 7. Bundeskonferenz für Schulpsychologie und Bildungsberatung. Trier 1985. Bonn 1986.

Heyse, H.: Paradigmenwechsel in der Schulpsychologie. Report Psychologie, 1989, 14,1, S. 34-37.

Hildreth, G. H.: Psychological Service for School Problems. Yonkers-on-Hudson 1930.

Hillenbrand, C.: Schulbasierte Prävention von Schulabsentismus und Dropout. In: Ricking,H./Schulze,

G., Wittrock, M. (Hrsg.): Schulbasierte Prävention von Schulabsentismus und Dropout. Paderborn 2009.

Ingenkamp, K.: Die schulpsychologischen Dienste in der Bundesrepublik Deutschland. Weinheim und Basel 1966.

Ingenkamp, K.: Zur Diskussion über die Leistungen unserer Berufs- und Studienanfänger. Zeitschrift für Pädagogik, 32, 1986, S. 1-29.

Ingenkamp, K.: Geschichte der Pädagogischen Diagnostik. Band 1: Pädagogische Diagnostik in Deutschland 1885-1932. Weinheim 1990.

Jimerson, S. R./Oakland, T. D./Farrell, P. T. (Eds.): The Handbook of International School Psychology. London 2007.

Jimerson, S.R./ Stewart, K./ Skokut, M./Cardenas, S./ Malone, H.: How Many School Psychologists are There in Each Country of the World? International Estimates of School Psychologists and School Psychologist-to-Student Ratios. University of California, Santa Barbara, California. Version 9.16.2008.

Johansen, E. M.: Betrogene Kinder. Eine Sozialgeschichte der Kindheit. Frankfurt am Main 1978.

Jursa, M.: Die Babylonier. Geschichte, Gesellschaft, Kultur. München 2004.

Käser, R.: Die Schulpsychologie im Überblick. Historische Wurzeln und aktuelle Lage. Psychoscope, 6, 1991, S. 10-12.

Käser, R.: Neue Perspektiven in der Schulpsychologie. Handbuch der Schulpsychologie auf ökosystemischer Grundlage. Bern 1993.

Keller, G.: Das Klagelied vom schlechten Schüler. Eine aufschlussreiche Geschichte der Schulprobleme. Heidelberg 1989.

Keller, G.: Dümmer – frecher – fauler. Unser falsches Schülerbild und seine Konsequenzen. Donauwörth 2005.

Keller, G.: Die Schülerschelte. Leidensgeschichte einer Generation. Herbolzheim 2014.

Kersting, F.W.: Militär und Jugend im NS-Staat. Rüstungs- und Schulpolitik der Wehrmacht. Wiesbaden 1989.

Klasen, F./ Meyrose, A.-K./Otto, C./ Reiss, F./Ravens-Sieberer, U.: Psychische Auffälligkeiten von Kindern und Jugendlichen in Deutschland. Monatsschrift für Kinderheilkunde, 2017, 165, S. 402–407.

Klipker, K./Baumgarten,F./Göbel, K./Lampert, T./Hölling, H.: Psychische Auffälligkeiten bei Kindern und Jugendlichen in Deutschland – Querschnittsergebnisse aus KIGGS Welle 2 und Trends. Journal of Health Monitoring 3, 3, 2018, S. 37-45.

Köller, O./Hasselhorn, M./Hesse, F. W./Maaz, K./Schrader, J./Solga, H./Spieß, C. K./Zimmer, K.: Das Bildungswesen in Deutschland. Bestand und Potenziale. Bad Heilbrunn 2019.

Konrad, F. M.: Geschichte der Schule. Von der Antike bis zur Gegenwart. München 2007.

Korte, J.: Faustrecht auf dem Schulhof. Über den Umgang mit aggressivem Verhalten in der Schule. Weinheim und Basel 1992.

Lämmermann, H.: Das Mannheimer kombinierte Verfahren der Begabtenauslese. Beiheft 40 zur Zeitschrift für angewandte Psychologie. Leipzig 1927.

Lämmermann, H.: Von der Tätigkeit des Schulpsychologen. Arbeitsbericht des Psychologischen Beraters der Mannheimer Volksschule. Jenaer Beiträge zur Jugend- und Erziehungspsychologie. Heft 8. Langensalza 1929, S. 1-43.

Lämmermann, H.: Typologie und Ätiologie der Schulbegabung. Leipzig 1931.

Lämmermann, H.: Anleitung zur psychologischen Beobachtung und Beurteilung der Schüler. Mannheim o. J.

Lang, G.: Geschichte der württembergischen Klosterschulen von ihrer Stiftung bis zu ihrer Verwandlung in evangelisch-theologische Seminare. Stuttgart 1938.

Leschinsky, A.: Volksschule zwischen Ausbau und Auszehrung. Schwierigkeiten bei der Steuerung der Schulentwicklung seit den zwanziger Jahren. Vierteljahreshefte für Zeitgeschichte, 30, 1982, S. 27-81.

Lin Yutang: Konfuzius. Frankfurt 1957.

Marrou, H. I.: Geschichte der Erziehung im klassischen Altertum. Freiburg 1957.

Mause, L. de: (Hrsg.): Hört ihr die Kinder weinen. Eine psychogenetische Geschichte der Kindheit. Frankfurt: Suhrkamp 1980.

Merrell, K. W./Ervin, R. A./Gimpel, G.: School Psychology for the 21st century. Foundations and practices. New York 2012 (2nd ed.).

Mierke, K. F.: Konzentrationsfähigkeit und Konzentrationsschwäche. Bern 1957.

Möley, S.: Schulpsychologie in der ehemaligen DDR. In:

Sektion Schulpsychologie (Hrsg.): 75 Jahre Schulpsychologie in Deutschland. Bonn 1997.

Möley, S.: Geschichte der Schulpsychologie in Deutschland. In: Fleischer, T./Grewe, N./Jötten, B./Seifried, K./Sieland, B. (Hrsg.): Handbuch Schulpsychologie. Psychologie für die Schule. Stuttgart 2007.

Mookerji, R.K.: Ancient Indian Education. London 1951.

Nohl, H.: Zur deutschen Bildung: Deutsch, Geschichte, Philosophie. Vier Vorträge. Göttingen 1926.

Oelkers, J./Prior, H.: Soziales Lernen in der Schule. Königstein 1982.

Paulsen, F.: Geschichte des gelehrten Unterrichts auf den deutschen Schulen und Universitäten vom Ausgang des Mittelalters bis zur Gegenwart. Erster Band. Leipzig 1919.

Paulsen, F.: Geschichte des gelehrten Unterrichts auf den deutschen Schulen und Universitäten vom Ausgang des Mittelalters bis zur Gegenwart. Zweiter Band. Berlin und Leipzig 1921.

Picht, G.: Die deutsche Bildungskatastrophe (Abdruck einer Artikelserie in „Christ und Welt). Freiburg 1964.

Piel, W.: Kontaktgestörte Kinder in Schule und Heim.

1. Arbeitstagung der deutschen Schulpsychologen in Hamburg, Mai 1959. Internationale Zeitschrift Für Erziehungswissenschaft, 5, 4,1959, S. 462–65.

Puntsch, E.: Zitatenhandbuch. E-Lexikon. München 2001.

Raumer, K. v.: Geschichte der Pädagogik vom Wiederaufblühen klassischer Studien bis auf unsere Zeit. Zweiter Teil. Gütersloh 1889 (6. Aufl.).

Reddy, L. A./Newman, E./De Thomas, C. A./Chun,V.: Effectiveness of school-based prevention and intervention programs for children and adolescents with emotional disturbance: A meta-analysis. Journal of School Psychology, 47, 22, 2009, pp. 77-99.

Reichenbecher, H./Osterland, J./Faist, M.: Von der Bildungsberatung zur Schulpsychologischen Beratung. Eine kommentierte Dokumentation. 40 Jahre auf den Wellen der Bildungspolitik in Baden-Württemberg (1966-2006). Berlin 2006.

Ricking,H./Schulze, G., Wittrock, M. (Hrsg.): Schulbasierte Prävention von Schulabsentismus und Dropout. Paderborn 2009.

Ritter, G./Kocka, J. (Hrsg.): Deutsche Sozialgeschichte. Dokumente und Skizzen (1870-1914). Band 2. München 1974.

Ross, J. B.: Das Bürgerkind in den italienischen Stadtschulen zwischen dem vierzehnten und frühen sechzehnten Jahrhundert. In: Mause, L. de (Hrsg.): Hört ihr die Kinder weinen. Eine psychogenetische Geschichte der Kindheit. Frankfurt: Suhrkamp 1980.

Schoelen, E.: Erziehung und Unterricht im Mittelalter. Paderborn 1965.

Schwenck, C./Mähler, C./Hasselhorn, M. (Hrsg.): Diagnostik und schulische Interventionsmaßnahmen bei psychischen Auffälligkeiten. Göttingen 2023.

Schulte-Pelkum, J./Aufhammer, F.: Schulpsychologie in Zeiten von Corona. Herausforderungen, Entwicklungen und Desiderate. Report Psychologie, 47, 1, 2022, S. 16-18.

Seifried, K./Drewes, S./Hasselhorn, M. (Hrsg.): Handbuch Schulpsychologie. Psychologie für die Schule. Stuttgart 2016 (2. Aufl.).

Seifried, K./Drewes, S./Hasselhorn, M. (Hrsg.): Handbuch Schulpsychologie. Psychologie für die Schule. Stuttgart 2021 (3. Aufl.).

Sektion Schulpsychologie (Hrsg.): 75 Jahre Schulpsychologie in Deutschland. Bonn 1997.

Sektion Schulpsychologie im BDP: Gemeinsame Erklärung der Schulpsychologinnen und Schulpsychologen aus den alten und neuen Bundesländern zur Zukunft der Schulpsychologie in den östlichen Bundesländern – 9. Bundeskonferenz 1990 Osnabrück. Bonn 1990a. schulpsychologie.de/schulpsych/historische-dokumente/heyse-archiv, abgerufen am 30.8.2023.

Sektion Schulpsychologie im BDP: Empfehlungen zum Aufbau bzw. zur Neuorganisation schulpsychologischer Beratung in den neuen Bundesländern. Bonn 1990b. schulpsychologie.de/schulpsych/historische-dokumente/heyse-archiv, abgerufen am 30.8.2023.

Sektion Schulpsychologie im BDP. Schulpsychologie in Deutschland. Berufsprofil. Berlin 2018. www.bdp-schulpsychologie.de/aktuell/2018/180914_berufsprofil.pdf

Sektion Schulpsychologie: Schulpsychologische Versorgung in Deutschland. Aktuelle Zahlen 2022. Praxis Schulpsychologie, Ausgabe 32, Oktober 2022, S. 21-22.

Smith, S. Y./Holmes, S. R./Sheridan, S. M./Cooper, J. M./Bloomfield, B. S./Preast, J.L.: The effects of consultation based family-school engagement on student and parent outcomes: A meta-analysis. Journal of Education and Psychological Consultation, 31 (3), 2021, S. 278-306.

Specht, F.: Entwicklung der Erziehungsberatungsstellen in Deutschland. Praxis der Kinderpsychologie und Kinderpsychiatrie 49, 2000, S. 728-736.

SPIEGEL, Nr. 15, 1988.

SPIEGEL, Nr. 9, 1995.

Spieß, C. K./Storck, J./Zambre, V.: Bildungausgaben. In: Köller, O./Hasselhorn, M./Hesse, F. W./Maaz, K./Schrader, J./Solga, H./Spieß, C. K./Zimmer, K.: Das Bildungswesen in Deutschland. Bestand und Potenziale. Bad Heilbrunn 2019.

Spreiter, M.: Die Gewalt macht Schule. Psychologie Heute Nr. 2, 1993, S. 58-63.

Stadtschulamt Mannheim: Dienstanweisung für den Psychologischen Schulberater. Mannheim 1922.

Steinhausen, C.: Das konzentrationsgestörte und hyperaktive Kind. Stuttgart 1982.

STERN Nr. 35, 1993.

Stern, W.: Das übernormale Kind. Zeitschrift für Jugendwohlfahrt, Jugendbildung und Jugendkunde, Der Saemann, I, 1910, S. 67-78; S. 160-167.

Sutherland, G./Wiese, S.: "The Fust Official Psychologist

in the Wurrld": Aspects of the Professionalization of Psychology in Early Twentieth Century Britain. History of Science, 18, 1980, pp. 181-208.

Taschenbuch für teutsche Schulmeister auf das Jahr 1794. Ulm 1786-1797.

Tenorth, H. E.: Geschichte der Erziehung. Einführung in die Grundlagen ihrer neuzeitlichen Entwicklung. Weinheim und München 2010 (5. Aufl.).

Thalmann, H. C.: Verhaltensstörungen bei Kindern im Grundschulalter. Stuttgart 1971.

Trolldenier, H.P./Meißner, B.(Hrsg.): Texte zur Schulpsychologie und Bildungsberatung. Band 4. Kongreßbericht der 5. Bundeskonferenz für Schulpsychologie und Bildungsberatung veranstaltet von der Sektion Schulpsychologie des Berufsverbandes Deutscher Psychologen. Würzburg 1981. Braunschweig 1983.

UNESCO: School Psychologists. Publication no. 105. Paris 1948.

Unruh, L. E./Minke, K. M./Rossen, E.: Future of School Psychology. In: Grapin, S. L./Kranzler, J. H. (Eds.): School Psychology. Professional Issues and Practices. New York 2024 (2nd ed.).

Waetzold, H.: Der Schreiber als Lehrer in Mesopotamien.

In: Prinz von Hohenzollern, J. G./Liedtke, M. (Hrsg.): Schreiber, Magister, Lehrer. Zur Geschichte und Funktion eines Berufsstandes. Bad Heilbrunn 1989.

Wall, W. D.: Psychological services for schools. Unesco Institute of Education. Hamburg 1956.

Weeber, K. H.: Alltag im alten Rom. Zürich 1995.

Weimer, H./Schöler, W.: Geschichte der Pädagogik. Berlin und New York 1976 (18. Aufl.).

Weinert, F. E.: Schulpsychologie zwischen Wissenschaft, Ideologie und Praxeologie. Bildung und Erziehung, 33, 1980, S. 206-216.

Zander, T.: 911527 Stockschläge in 52 Jahren. Südwestpresse, Nr. 206, 6.9.2003.